Le Juif et le nazi

Libre champ
Collection dirigée par Jérôme Martin

Cette collection, qui regroupe essais et écrits personnels, est ouverte à toute représentation de réflexions d'ordre sociétale. Délibérément actuelle.

Philippe Sola

Le Juif et le nazi

Métaphysique de l'antisémitisme

Préface de Shmuel Trigano

© L'Harmattan, 2024
5-7, rue de l'École-Polytechnique ; 75005 Paris
http://www.editions-harmattan.fr
ISBN : 978-2-336-43505-3
EAN : 9782336435053

À la mémoire des victimes de la Shoah

À Aaron et Yaël

Préface, par Shmuel Trigano[1]

L'essai de Philippe Sola est dérangeant. Un nombre incalculable de livres ont tenté de comprendre pourquoi les Juifs ont été et sont toujours les objets d'une haine inextinguible. En général, des causes sociales, politiques, psychologiques, religieuses, historiques sont invoquées qui remplissent des bibliothèques. Elles se fondent toutes sur la relativité historique du phénomène. En évoquant la métaphysique, Philippe Sola gravit un pas dans l'explication en ce sens qu'il le considère comme un fait intrinsèque, se suffisant à lui-même.

C'est cette dimension, avance-t-il, qui serait à l'œuvre dans la haine des Juifs, qu'il aborde dans son acmé, le nazisme, tant par le nombre de Juifs exterminés que par le protocole délirant autant que perfectionné de leur persécution et liquidation, qui dit quelque chose de ce que le nazi poursuivait dans le Juif, par-delà tous critères ou motifs.

Les causes religieuses ont bien sûr joué un grand rôle dans l'absolutisation négative du Juif qui confère en effet à l'antisémitisme son envergure métaphysique. C'est vrai des religions universelles, sorties des entrailles

---

1 Philosophe, professeur émérite des universités, Shmuel Trigano a notamment fondé le Collège des études juives de l'Alliance Israélite Universelle, l'Université populaire du Judaïsme, la Revue européenne d'études juives, Pardès, l'Observatoire du monde juif.

du judaïsme et par nature en concurrence avec les Juifs sur le plan identitaire. C'est vrai aussi des idéologies politiques modernes qui, hier inventaient un peuple élu prolétarien, ou aujourd'hui, palestinien avec les « progressistes ». Dans tous ces cas de figure, la continuité juive est devenue odieuse et ennemie, à l'instar d'un double métaphysique de soi-même qu'il faut éradiquer jusqu'à la racine.

L'anti-juif invente ainsi un Juif qu'il hait comme un autre lui-même, un ectoplasme, une « figure métaphysique » mais aux mesures très physiques : la réduction du Juif à un corps, le démembrement de sa personne. Nous venons d'en avoir un exemple avec les atrocités commises par le terrorisme du Hamas en Israël lors du massacre du 7 octobre 2023. Il ne suffisait pas aux criminels, qui se présentaient comme « l'armée d'Allah », de tuer, de violer, de torturer, de brûler des Juifs, il leur fallait aussi les découper en morceaux, les énucléer, trancher leur gorge pour effacer leur condition, leur forme d'humains. Ils ont vu en eux une engeance démoniaque au point de les pousser à perpétrer une extermination radicale. Celle-ci est restée sauvage alors que chez les nazis, elle était raffinée, calculée, industrielle. C'est jusqu'à leurs restes (peau, chevelure, etc) qui étaient rentabilisés…

L'argument de Philippe Sola franchit un pas supplémentaire dans la mesure où il table sur l'idée que les Juifs ne sont pas seulement vus passivement comme ils sont vus « métaphysiquement » par les nazis. Dans leur être même, ils constitueraient une énigme en elle-même métaphysique, comme s'il y avait dans l'être juif une dimension métaphysique qui l'exposerait à être haï par l'humanité. C'est une extension du propos qui demande à être examinée de très près. Il définit cette dimension comme celle du « vide » qui, en fait, serait facteur d'angoisse pour la condition humaine. Est-ce là la cause de la haine des Juifs ou la cause d'une vision erronée que l'antisémite se forge du Juif ? Est-ce une vision de la réalité ou une vision dévoyée de la réalité ?

Comment comprendre la nature de ce « vide » ? On pourrait être tenté d'y voir l'équivalent en psychanalyse de l'*objet petit a*, la clef d'un système… Le livre de la Genèse nous offre une perspective originale. Comme Dieu se nomme en hébreu biblique du nom de l'*être*, en qui, donc, tout se récapitule avant la création, on s'imagine que cette création (d'un second être, l'homme), n'a été possible que dans un « retrait » de Dieu que la créature, née de ce retrait, perçoit comme une absence ou un vide, une perception qui déciderait du destin humain. Dans cette perspective, l'expérience du vide serait inhérente à la condition humaine, génératrice de toutes sortes de perceptions créatrices ou dévoyées.

Cette réalité, cependant, prend toutes sortes de formes. Ce vide peut être aussi renvoyé à une réalité très concrète, l'univers culturel et artistique aniconique qui découle de l'interdit sur l'image propre au judaïsme. D'autres éléments peuvent être évoqués comme la longue durée de l'histoire juive, la multiplicité insaisissable de la diaspora juive… L'exemple de la Rome antique, pourtant radicalement indépendante des Juifs sur le plan identitaire, montre le côté inquiétant de cet univers aniconique pour qui vit parmi les idoles et les images. Le secret qui entourait le Temple de Jérusalem l'intriguait au plus haut point. Qu'est-ce qui était caché dans ce Temple que les Juifs occultaient ? Quel visage avait le dieu des Juifs ? Dès qu'ils eurent la capacité de le conquérir, ils s'empressèrent d'y installer une idole...

La haine des Juifs, il faut le souligner, est toujours la haine d'un empire que la résilience des Juifs à exister indispose. En ce sens, elle révèle quelque chose de l'état du monde. C'est en quoi la mémoire de la Shoah est facteur de liberté.

Le 18 décembre 2023   Shmuel Trigano

Un vide plein

En rentrant d'Auschwitz-Birkenau, je suis devenu radioactif. La lumière noire du camp irradie ceux qui s'en sont approchés mais également ceux qui continuent de s'en approcher.

Je rentre d'Auschwitz et je n'ai toujours pas compris pourquoi Hitler et les nazis ont tué quasiment tous les Juifs d'Europe. J'ai été entouré d'historiens renommés, de formateurs excellents, de collègues érudits, mais non, je ne sais toujours pas. Ce que je cherche ne se trouve pas là, peut-être. Des explications, il y en a. Des explications sociales, économiques, qui font des Juifs les boucs-émissaires de tous les désordres, de toutes les frustrations, de toutes les angoisses. Il y en a peut-être d'un autre type : le Juif est l'objet d'une jalousie originaire. Il serait la figure repoussante de la vermine et aussi le « lieu » d'une fascination stupéfiante pour les Nations, suscitant crainte et envie : le Juif n'est pas un « lieu » et pourtant il existe, il tient, il se tient, il est là.

Il est partout et pourtant *il n'est pas* selon la modalité habituelle. Il est et il n'est pas. Il est selon un être qui ne ressemble pas à l'être. Il n'est pas selon l'être connu des Nations. Cette distinction est fondamentale, elle tient à son origine. Une origine transmise de génération en génération, qui peut se taire ou se réactiver, dont la transmission est également l'objet d'une interrogation fondamentale. Cette origine est une limite dans la conscience humaine. Elle est limite car elle met en déroute le mouvement apparent de l'être et de la pensée. Le Juif est une exception qui échappe à la règle et crée à la fois une défaite de la pensée et un malaise dans les corps non habités de ce type de présence.

Hitler avait sa raison, sa logique qui est la logique latente dans la société occidentale. Il a utilisé beaucoup de mots pour essayer de définir ce qu'est *être juif*. Il n'y arrivait pas, il n'arrivait pas à définir le Juif. Il parlait longuement, il a beaucoup écrit pour tenter de dire ce qui ne peut pas être dit et compris selon des mots et des phrases logiques. Il n'y est pas arrivé par les mots, il n'est pas arrivé à dire. C'est devenu un problème pour lui. Il s'est voulu traducteur du problème de la société dans la société. Le Juif est apparu dans sa vision comme celui qui est satisfait mais jamais pleinement satisfait, le jamais-content malgré les apparences du contentement, le jamais-plein malgré l'apparence incompréhensible du plein. Il reste chez le Juif une place de vide dans l'espace du plein. Un vide qui se pressent, non visible immédiatement, alors qu'il tient, que ça tient, qu'il est là. Ce vide est la marque de ce quelque chose impossible à définir, impossible à comprendre selon les grilles opératoires de la pensée rationnelle, c'est-à-dire européenne. Le Juif ressent un vide comme marque de la divinité, mais un vide plein. Un plein qui abrite en son centre un creux indicible. C'est très angoissant pour les gens des Nations, ce creux. Comment peut-il y avoir un creux alors que ça tient ? Comment le bonheur, qui est un état de plénitude, d'accomplissement, d'être accompli, ressemble-t-il à un vase vide de fleurs ?

Pourquoi cassent-ils un verre, mettant ainsi en acte le manque, alors qu'ils se marient ? Pourquoi la brisure est-elle intrinsèque au rapport à l'être ? Le pire, c'est qu'en outre, parfois, ils mettent en acte ce manque, ils manifestent ouvertement cette limite. Ils refusent délibérément de consommer certains aliments, ils coupent le prépuce, ils portent une kippa : autant de limites au plaisir de manger, de limite à la sexualité, de limite entre le haut et le bas, comme la marque diamantine que tout n'est pas encore accompli, pas encore complet. Comment, là où les Nations perçoivent une absence, un essentiel non comblé source de frustration et d'angoisse fondamentales, les Juifs le perçoivent-ils comme une structure métaphysique essentielle, une élection ?

On a beaucoup écrit sur le sentiment de menace que font peser les Juifs sur les Nations, menaces qui prennent les formes les plus variées et exotiques : empoisonnement des puits, conspiration mondiale et secrète au détriment des *goyim*, enlèvements d'enfants pour cuisiner des *matsot* avec leur sang... Si bien que les nazis ont eu le sentiment de mener une guerre de légitime défense. Cette menace, les Nations l'ont traduite par une suite de reproches insensés et contradictoires : le Juif est le capital, il est voleur de la richesse des classes populaires et confisque leur force de production, le Juif est communiste, il est voleur de l'appareil de production et refuse sa force productive au service des classes patronales. Il est placé dans des positions contraires à ce que la société valorise, aux tropismes de l'époque, car il n'a pas d'époque. Il n'a pas d'époque. Il ne vit pas dans le temps des époques. Il y a une part en lui qui se refuse à adhérer totalement à l'époque et au lieu qu'il habite. Toujours ce vide qui fait écran, une isolation, comme l'air est l'isolant dans un double vitrage. Une part de lui résiste, consciemment ou inconsciemment, à la pleine adhésion. Et quand c'est inconsciemment, il faut pour les Nations que la dissimulation soit déjouée. Il faut rappeler au Juif qu'il ne joue pas le jeu, qu'il n'est pas pleinement dans le jeu, qu'il n'est pas plein, même s'il en donne l'apparence. Les Nations ont raison de voir dans le Juif la part de distance qu'il contient, qu'il accueille. Ce qui est insupportable pour les Nations, c'est quand le Juif accueille cette distance sans se l'avouer à lui-même. Les Nations veulent voir des Juifs conscients d'être juifs, conscients de leur vide. Elles veulent ramener l'*être juif* à un jeu lisible, non complexe, non ambigu, non pris dans des nœuds de positions de l'être compliquées ou contradictoires. Quand les nazis disent que les Juifs sont sales, qu'ils sont porteurs de maladies, il faut qu'ils le voient pour y croire. Oui les Juifs sont sales dans la mesure où ils croient en un ordre divin, pas strictement humain. Les Juifs ne font pas tout à fait confiance à l'ordre humain. Les nazis placent donc les Juifs dans des ghettos, les privent de nourriture, de médicaments, pour voir comment ils se débrouillent, s'ils vont finir par être sales et porteurs de maladies. Et oui, ils y arrivent : les Juifs deviennent sales et porteurs de maladies. Ça rassure beaucoup les nazis de le vérifier, de constater qu'effectivement les Juifs deviennent sales et malades. Il faut mettre en œuvre ce qui résiste à être mis en œuvre chez les Juifs. Il faut voir la confirmation manifeste du vide. Quand le Juif continue d'*être juif* dans le ghetto, sans comprendre pour les nazis ce qu'est *être juif*, mais en voyant encore une différence fondamentale en lui, une latence, un écart, une non pleine adhérence entre lui et la réalité qui l'entoure, c'est une catastrophe pour les nazis. C'est une catastrophe parce qu'ils n'ont pas encore tout à fait détruit l'*être juif*, et dans le même temps cette énigme augmente leur fascination.

Le vampire

On ne peut pas tuer l'*être juif*. Alors il faut tuer les Juifs. Pour s'assurer que l'*être juif* est mort. Pourquoi accuse-t-on les Juifs d'utiliser le sang des chrétiens pour fabriquer du pain azyme ? Parce que cela rappelle les vampires (c'est évidemment la figure du vampire qui a été construite sur celle du Juif). On ne peut pas tuer les vampires parce qu'ils sont déjà morts. Il faut donc les tuer, alors qu'ils sont déjà morts, en les repoussant par un crucifix et en leur enfonçant un pieu dans le cœur. Pourquoi re-tuer quelqu'un ? Quel est ce monstre qui, malgré sa mort, constitue encore une menace pour les vivants, et qu'il faut sans cesse tuer de peur qu'il ne se réveille de nouveau ? Si l'ail est employé pour éloigner les vampires, c'est parce que l'ail désinfecte. L'ail éloigne les parasites et les maladies. Le Zyklon B éloigne les parasites et les maladies. Mais même quand on tue les Juifs dans la chambre à gaz, a-t-on tué l'*être juif* ? C'est une question lancinante, un problème pour lequel on cherche des solutions, jusqu'à une régression à l'infini. On les tue par milliers dans la chambre à gaz. Mais ce qu'ils ont de juif a-t-il disparu avec eux dans la chambre à gaz ? Est-on bien sûr que le corps du Juif ne possède pas quelque chose de particulier, de sorte que l'*être juif* soit préservé au-delà de la mort dans le monde, sous la forme d'une trace ? Alors, que faire des corps de Juifs morts, pour s'assurer que l'être est mort en eux et non encore transmissible ? Inhumer les corps des Juifs morts dans la chambre à gaz pose encore un problème. Un problème physique et métaphysique : enterrer le corps du Juif va polluer la terre, souiller les nappes phréatiques. Il faut, pour s'assurer que le vampire est mort, continuer de le tuer même s'il est déjà mort. On brûle les corps dans les fours pour les réduire en cendres. Bien sûr il y a une logique industrielle, mais c'est aussi une logique métaphysique. C'est-à-dire : est-on tout à fait certain qu'au-delà du physique, du corps matériel du Juif, il n'y a pas quelque chose qui résiste à la mort dans la chambre à gaz ? Peut-être que l'*être juif* suit une autre logique, relève d'une autre nature. Alors on fait avec les moyens de la nature jusqu'au maximum de disparition, mais on n'est pas sûrs que l'*être juif* soit de cette nature. C'est rassurant de brûler les Juifs pour les nazis, cela éloigne toujours un peu plus le risque de réveil de l'*être juif*, mais ce n'est jamais suffisant. Ce n'est jamais suffisant parce qu'ils pressentent, avec raison, que ce n'est pas la même nature. Ils ont un doute sur l'*être juif*. Même en brûlant les Juifs, ils ont un doute. Un doute source d'angoisse mais également de fascination. Et si, même en les brûlant, leurs cendres étaient encore juives ? Ou plutôt, et si nous faisions cela pour rien, et si nous les brûlions pour rien parce qu'elle est encore là, leur histoire de vide plein ? Il faut aller jusqu'au bout pour le vérifier. Et si leur *être juif* continuait de se donner dans l'absence de matière ? Alors on répand leurs cendres dans le bois et la prairie, on les jette dans le cours d'eau. Mais si l'*être juif* continuait de se répandre dans la terre et dans l'eau ? Ou pire, et si on n'avait toujours pas tué l'*être juif* ? C'est parce que le Juif, par sa présence, met en déroute la logique physique, hypothético-déductive, qu'il constitue une menace et l'objet d'une secrète jalousie. Une jalousie larvée, non assumée. Il ne peut y avoir une telle haine si elle n'est pas le reflet d'une forme particulière d'admiration. Une admiration comme la face cachée, impensée, pour l'*être juif*. Et si l'*être juif*, l'être tout simplement, était présent en chacun des membres des Nations ? Il n'y aurait pas eu besoin de Shoah. C'est une hypothèse, c'est un possible.

Tu ne tueras point.

Quand il est écrit, quelque part, là-bas, dans leur Livre, *Tu ne tueras point*, peut-être que leur Dieu leur dit non pas qu'ils ne doivent pas tuer, mais qu'ils ne peuvent pas tuer. Peut-être que l'on ne peut pas tuer les Juifs. Peut-être que l'on ne peut pas les tuer au sens où ce n'est pas une interdiction, mais parce qu'on ne réussit pas à les tuer. Peut-être qu'on ne peut pas tuer l'homme, en fait. C'est cela qui est incompréhensible pour les nazis. Les Juifs viendraient dire qu'on ne peut pas tuer. Les nazis ont voulu l'éprouver : est-ce vrai ? Est-il vrai qu'on ne peut pas tuer un homme ? Même dans les cendres, même dans la fumée, y a-t-il encore de l'homme ? Non, bien sûr, il n'y a plus d'homme. Les nazis ont pu le constater. Mais, quand même, y a-t-il un reste, y a-t-il autre chose qui ne peut être dit, qui ne peut être compris, et qui reste ? Comme une idée reste en tête par exemple ? Comme l'amour d'un humain pour un autre humain transcende le temps et l'espace, les dimensions du dicible. Le Juif n'est-il qu'une idée ? L'*être juif* n'est-il qu'une idée ? Est-on bien certain que le Juif n'est qu'un corps quand on est nazi ? Il reste un doute, il reste un vide, une place vacante comme un possible de l'être. Les nazis mettent en acte, maladroitement, dans l'horreur absolue, mais maladroitement aussi, précisément ce qui est reproché aux Juifs. Ils découvrent l'hypothèse d'un être-nazi non complet, non reposé à l'idée d'avoir tué des Juifs, non pleinement satisfait parce que peut-être que l'*être juif* n'est pas mort, bien sûr parce qu'il reste encore des Juifs sur terre et tant qu'il y a des Juifs sur terre, le problème n'est pas résolu, mais également peut-être parce que l'*être juif* est autre chose, peut-être même que l'être est autre chose. Parce que peut-être que l'être est ce qui ne peut être tué. Parce que l'être n'est pas le complet, l'actuel, et qu'on ne peut tuer que le complet. Parce que tuer est une simple modalité de l'être. Parce que tuer est un possible qu'offre l'être mais que *l'ensemble des possibles ne peut pas être tué.*

Si *être juif* est percevoir, entrevoir, garder en soi comme un trésor, comme un secret, que l'être-Dieu est l'infini des possibles, peut-être que les Juifs ne peuvent pas mourir. C'est cela qui est embêtant, au sens d'embarrassant pour les nazis – que peut-on en faire ? – et c'est aussi cela leur malheur heureux, c'est une possibilité désarmante, c'est une tristesse et un bonheur infinis. Mais il ne faut pas qu'il y ait d'ambiguïté, il faut que ce soit clair, sinon ce n'est pas possible, ce n'est pas dans le possible des nazis voire des Nations. Il ne faut pas qu'il y ait de doute. Il faut donc continuer à tuer les Juifs pour rassurer les populations : si si, ils meurent bien quand on les tue, on vous assure. Ils s'étouffent, ils meurent, ils brûlent, on jette leurs cendres dans la rivière, il n'y a plus de Juifs, c'est sûr. Ça fonctionne. Mais malgré ce fait incontestable, la mort de millions de Juifs en train de se faire, malgré la volonté de faire mourir d'autres Juifs encore, une hypothèse demeure sous la forme d'une angoisse, qui est angoisse pour les nazis et sacré pour les Juifs : et si, ce qui est juif dans le Juif, était une forme d'adoration consciente ou inconsciente pour l'être, entendue comme possibilités d'être, entendue comme décollement de l'être et du réel, comme lieu de repli, une réserve d'être inépuisable, une réserve d'être qui ne peut pas être épuisée, un non-épuisement possible de l'être, indépendamment des conditions de vie ?

Passage

Je prétends donc que les nazis ont essayé de matérialiser la façon dont se donne la divinité dans ce que l'on nomme le judaïsme. Ils ont essayé de vider l'Europe et le monde des Juifs, comme le divin se donne sous la forme de la trace d'une présence, d'un manque, d'une *fonction d'être* qui n'apparaît pas elle-même. Ce ne sont pas les Juifs qui les « gênaient » desquels ils ont voulu se débarrasser, les Juifs du *Lebensraum*, les Juifs allemands, polonais, etc, mais bien tous les Juifs de la terre. Bien sûr, les Juifs du Reich étaient les premiers sur la liste, ceux à portée de main, *Vorhandenheit*. Si des Juifs avaient vécu sur d'autres planètes, ils en auraient été préoccupés quand même. Cela aurait encore fait partie du problème, qui aurait dû trouver une résolution européenne, moderne, technique, définitive. Puis, à mesure que la haine grandissait, que la violence croissait, ils ont perçu que cela n'éloignait pas totalement l'*être juif*.

L'antisémitisme nazi est une forme de « pyramide de Ponzi », un montage particulier qui nécessite sans cesse de nouvelles victimes, de nouveaux Juifs tués, pour s'assurer que l'*être juif* est en train de disparaître. S'il n'y a pas ou plus de Juifs à détruire, cela pose encore le problème de l'*être juif*, c'est-à-dire de l'être. Même sans témoins d'un divin qui se manifeste comme être, l'être est toujours là, l'infinité des possibles est toujours là, la liberté comme possible est toujours là : l'être ne peut pas être tué. Il faut donc des victimes juives pour se voir confirmer que l'être est peut-être en train de disparaître. Par cet acte ambigu, les nazis ont failli : en exterminant les Juifs, ils ont découvert qu'on ne peut pas tuer l'être et que l'être-nazi total ne pouvait pas être atteint, que la délivrance promise et espérée n'arrivait pas. Ça les rendait fous, il fallait toujours plus de Juifs, quitte à faire surchauffer le centre de mise à mort, quitte à dépasser les limites physiques des crématoires : 430 000 Juifs hongrois, soit l'intégralité de la communauté juive hongroise, ont été tués en deux mois à Birkenau à partir du 15 mai 1944. Il fallait toujours plus de victimes pour que l'édifice ne s'effondre pas, que l'escroquerie ne soit pas dévoilée. Pourquoi une escroquerie ? Parce que les nazis ont pressenti que le manque des Juifs, leur reste, leur vide, fonctionnait comme le lieu de la présence divine. Plus les nazis ont fait du vide, plus ils ont activé ce vide, plus ils ont découvert que l'être ne reculait pas, un être comme une fonction d'être, un retrait, un dégagement, une liberté absolue d'être, comme possibilité de révolte, comme possibilité de créativité, d'humour, d'amour.

Les nazis ont ainsi besoin de Juifs vivants pour se rassurer sur le fait que l'*être juif* existe encore parce qu'il y a encore des Juifs présents physiquement sur terre. Et les nazis ont besoin de Juifs morts pour se rassurer sur le fait qu'ils ont fait disparaître l'*être juif*. Ils ont besoin des deux. Ainsi, le Juif idéal pour le nazi n'est pas tant le Juif mort que le Juif en train d'être tué. Le Juif rassurant pour le nazi est le Juif en train d'être tué comme tentative de tuer l'être. Mais malgré le meurtre en train de se faire, l'être-nazi complet ne peut pas être atteint parce qu'il persiste un reste, les Juifs, qui signifient l'être, qui pointent l'être comme ce qui fait être et ce qui peut faire être, le Nom qui nomme. Une liberté, un retrait libre, un désengagement, c'est cela qu'exprime l'être : les Juifs déçoivent et rendent furieux les nazis (ils leur filent entre les doigts) parce que les Juifs ne sont pas complets, totaux, mais ils tiennent et parfois même revendiquent le fait d'être non complets. Les Juifs s'impliquent dans l'être, réussissent – ils deviennent bourgeois et cultivés par exemple –, mais ils peuvent aussi « réussir » sans être bourgeois et cultivés. Les Juifs jouent avec l'être : ils essaient d'être quelque chose, mais, dans cet essai, ils n'oublient pas l'être comme liberté, comme possibilité de ne pas réussir. C'est pour cela qu'ils réussissent. C'est l'intranquillité qui domine. D'ailleurs, dire « les Juifs » n'a aucun sens : ce sont les Juifs qui ont inventé l'idée que dire « les Juifs » n'a aucun sens. Le Juif n'est pas marqué par une position de l'être, il peut être ceci ou cela, voter ceci ou voter cela, croire en Dieu ou ne pas croire, mais il reste juif tant qu'il est accroché à l'être comme possibles d'être. La divinité ne marque pas les hommes, elle leur offre des passages. Le peuple juif est le peuple du passage sans être lui-même de passage. Il dit aux Nations : « passez avec nous ou regardez les différents passages, vous êtes libres ». Les Nations pensent alors : « vous êtes rétifs à la structuration sociale, vous ne jouez pas le jeu, vous dissimulez un secret qu'on ne comprend pas. Vous devriez ne pas tenir, mais vous tenez. »

Dans la Torah, Dieu est présent et D.ieu est absent du réel : il peut être présent quelque part sans être absent ailleurs, il peut être absent du cœur de Pharaon ou présent en Moïse. C'est sa position de présence ou d'absence qui détermine le présent, la réalité vécue des hommes. Jamais sans la question de sa présence ou de son absence. Il est l'être, non pas l'être suprême, mais l'être comme ce qui fait être, le lieu qui localise, la place qui place. On ne peut pas tuer Dieu, en ce sens. Tuer les Juifs peut soulager, mais uniquement provisoirement. Leur Dieu continue d'exister. Un Dieu total, mais pas la même totalité que pour les nazis. Une totalité ouverte, libre, éclairante : une condition de possibilité. On ne peut pas tuer la liberté.

Les Juifs aiment l'être, la condition du possible. Ils ont inventé la psychanalyse pour le dire d'une autre manière. Les nazis ont voulu voir si l'être tenait encore en effaçant les Juifs. Et oui, ça tient. Il tient encore, le possible existe encore. L'être, qui est le nom de Dieu pour les Juifs, conjugué aux trois temps, tient encore.

Dieu n'est pas un simple arrière-monde, explication facile à tout ce qui met en déroute l'humain, comme la souffrance. Il est extra-mondain *et* peut être mondain, il est mystérieusement le possible *et* peut être l'actuel. Et c'est parce qu'il tient que je tiens, que je peux écrire. Que je peux coller des mots les uns à la suite des autres, pour tenter de résoudre le mystère. Que les mots existent, les formes, les idées, comme des créations toujours en attente, comme des tentatives de traits d'union, des essais pour dire l'ineffable. Et, même si parfois ils déçoivent, c'est bien.

Muzeum

Le camp est immense et vide. Alors que devraient se tenir là plus d'un million de personnes. Expérience métaphysique. Expérience limite. Elle se situe entre le rêve et la réalité. Elle constitue le réel, selon Jacques Lacan.

Comme elle est l'expérience du vide, elle crée le vide autour de soi a posteriori. Cette expérience isole. Elle isole des autres qui ne l'ont pas vécue. Même de nos proches. Comme un traumatisme aspire ceux qui le vivent dans un trou noir, qui n'aspire pas ceux qui n'ont pas franchi l'horizon des événements. Ceux qui l'ont franchi se retrouvent dans un creux, un vide, qui les relie les uns aux autres. Ils sont liés pour toujours par ce traumatisme, par ce vide. Être témoin du vide de Birkenau aujourd'hui n'est pas être soi-même déporté au camp, mais quelque chose est pourtant transmis. Et cette transmission s'opère de génération en génération, comme le vide se transmet, quelque chose d'indéfinissable, d'innommable. Être témoin du déporté est un acte impossible puisque le déporté est mort directement dans la chambre à gaz, pour 80 % d'entre eux, c'est-à-dire quasiment la totalité. Le déporté est un témoin impossible, un témoin qui n'a jamais existé. Et être témoin du témoin impossible, du témoin qui n'existe pas, fait bugger le cerveau. Personne n'est revenu de la chambre à gaz. Voir l'intérieur de la chambre à gaz aujourd'hui, c'est voir quelque chose qui a été vu mais dont la vision n'a jamais été transmise. C'est voir ce qui a été vu avant de mourir. Voir ce qui est la dernière image. Ce qui est clos. Ce qui est plein. Comme la dernière leçon que donnent les nazis aux Juifs : « non, vous n'êtes pas ouverts, vous êtes fermés. Vous n'avez pas voulu nous entendre, vous n'avez pas voulu comprendre. Et vous êtes là maintenant. Rien ne vous dépasse. Rien ne vous excède. Vous nous disiez que l'être est infini, vous êtes coincés entre quatre murs, et vous allez mourir. Vous êtes pleins, limités, vous êtes comme tout le monde. Vous n'êtes pas porteurs d'une ouverture vers l'être puisque vous ne parvenez pas à ouvrir la porte de la chambre à gaz. Vous vouliez inscrire l'infini et l'invisible dans le fini et le visible, l'éternité dans le temps, vous n'êtes pas capables d'ouvrir la porte de la chambre à gaz. Elle est fermée. » Voir l'intérieur de la chambre à gaz aujourd'hui, c'est être témoin de quelque chose, qui est invisible, indicible, mais c'est être témoin quand même. Témoin du vide. Le génocide juif est unique : on a construit de façon technique l'objet avec lequel on a détruit un peuple. Au-delà de l'hyper rationalisation du moyen de destruction, la chambre à gaz, par le vide qu'elle a creusé, montre ce qui n'est plus montré. Les nazis ont donc perdu d'un point de vue métaphysique : avec l'anéantissement d'un peuple, ils ont inscrit le visible, le fini, dans l'invisible et l'infini. L'invisible et l'infini sont toujours là. Et ils sont ressentis par ceux qui viennent à Birkenau. Paradoxal triomphe du Juif sur le nazi.

Pour certains d'entre nous, ce vide est réactivé quand on se rend à Birkenau. Il était déjà là, virtuellement, même parfois déjà identifié en nous. Il se réactive parce qu'il se reconnaît à Birkenau. Il se reconnaît parce que le trou qu'on avait identifié en nous trouve son expression visible dans le camp, alors qu'il n'y a précisément rien à voir. Le logo du « Muzeum » d'État d'Auschwitz-Birkenau est la photo d'un regard, alors qu'il n'y a rien à voir. Ou plutôt ce qui est à voir est à l'intérieur comme à l'extérieur. La manifestation d'une présence dans l'absence, un trait dans le retrait, une révélation dans la vélation. Le vide se transmet, ce quelque chose de non visible se transmet, entre générations, entre personnes, dans les corps et les esprits, de façon mystérieuse. Ce quelque chose est la part de l'ineffable, de l'impensable. Et il faut du temps, après la sidération de l'expérience, comme après la découverte du vide en soi, pour enfin devenir pensant. On a tous besoin d'une temporalité spécifique pour se donner à voir ce qu'on appréhende, la Shoah. Le témoin de la chambre à gaz est mort. D'ailleurs, quand on interroge les gens sur leur représentation d'Auschwitz-Birkenau, ils décrivent des gens squelettiques, rasés, habillés de pyjamas rayés, dormant dans des baraquements de fortune, entassés, maltraités. Ils passent à côté de la réalité de Birkenau : seule une infime minorité de Juifs déportés ont revêtu l'habit rayé et ont pénétré dans le camp. J'ai passé à Birkenau environ cinq heures, entouré d'un groupe de professionnels de l'éducation et d'historiens. Soit deux fois plus de temps que l'immense majorité des gens qui ont été déportés ici avant de mourir. J'ai vu deux fois plus longtemps qu'eux ce paysage – d'autant que j'y suis allé en journée, les trains arrivaient quasiment tous de nuit –, j'ai respiré deux fois plus longtemps qu'eux cet air. J'ai marché ici beaucoup plus qu'eux. Marcher ici est un acte obscène, on marche littéralement sur des cadavres, sur les traces de la destruction de plus d'un million de personnes. Ce lieu est maudit. Il faudrait, pour l'exorciser, créer un camp à l'envers, un camp positif, une chambre à gaz positive, qui répare, qui soigne, qui donne vie, qui donne espoir (C'est ce que Gérard Blitz a tenté de faire avec le Club Med, où la nourriture devait être abondante, l'argent inexistant, où les GO devaient remplacer les *Kapos*. Gérard Blitz est devenu, plus tard, une légende du yoga. Il pouvait dire : « Ce ne sont pas les vacances qui comptent, c'est la vacance de l'esprit, l'état de liberté intérieure »).

Ce lieu n'est pas un musée contrairement au mot que l'État polonais utilise pour le qualifier. Un musée met en scène des œuvres culturelles et artistiques. Il s'agit alors de représentation, comme l'art est une représentation de la réalité. C'est la raison pour laquelle je ne considère pas la tauromachie comme un art : une corrida n'est pas une représentation. Auschwitz n'est pas une représentation, il en est précisément l'inverse. Considérer Auschwitz comme un musée, c'est nier son caractère d'efficience, son statut opératoire. Mais c'est peut-être, paradoxalement, uniquement sous cette forme de musée que des humains peuvent y avoir accès désormais. Birkenau, c'est le voir-ne-rien-voir. Telle une tornade, il est le point de jonction entre le ciel et la terre, entre la nature et la surnature. Il est le manque comme trace du retrait d'un million de personnes. Le visiter comme un musée pour ne pas se confronter à ce fait : on ne peut pas visiter Auschwitz.

Différence ontologique

En mettant ainsi en scène le vide, en évidant la terre de ses Juifs, les nazis ont paradoxalement mis en scène ce qui reste dans le vide : la mémoire, le trauma, l'inconscient, quelque chose de l'ordre du spirituel si on est croyant, l'être de l'étant si on est heideggerien, le *reste* si on lit Isaïe, l'universel si on est lévinassien. Mais il y a donc toujours quelque chose dans ce vide.

Ma thèse tient donc en ces quelques mots : Hitler, les nazis, une partie des Nations ont mis en acte ce vide pour se l'approprier, au sens d'éprouver et de maîtriser, ce que les Juifs dégagent et peuvent ressentir (consciemment ou inconsciemment), à savoir la sensation diffuse d'une différence ontologique.
D'un écart avec l'humain.
D'un retrait irréductible et incompréhensible.
D'un vide qui est une place d'accueil pour le possible.
Pour l'avenir.
Pour la rencontre.

Ce qui fait la nature de l'*être juif* est cela même qui a été recherché dans l'extermination comme objet de conquête, d'appropriation, d'exploitation. Pour étayer cette thèse, examinons la politique extractiviste et illimitiste des nazis[1]. La nature est, dans le paradigme

---

1 Cf Johann Chapoutot, *Libres d'obéir : le management, du nazisme à aujourd'hui*, Gallimard, 2020

nazi, le lieu de ressources à exploiter, tout comme l'individu n'est défini qu'au regard de sa productivité, de son aptitude au travail, des ressources qu'il est capable de mobiliser pour produire. L'individu, *Menschenmaterial*, est amené à puiser en lui jusqu'à l'épuisement, lequel est le signe de son inaptitude, de sa déconsidération sociale, de sa mort physique. La nature est perçue comme une forme d'agrégations d'atomes, agrégations non utiles, non employables immédiatement, auxquelles il s'agirait de donner une forme fonctionnelle. Il appartient à l'homme d'extraire de la nature la somme d'atomes nécessaires pour former l'objet de production. Il s'agit d'évider la nature, de la sortir de sa latence originaire, de sa fonctionnalité virtuelle, pour enfin rendre visible la structure qui, jusque-là, était invisible. Par cet acte d'extraction, je note ce paradoxe révélateur : en poursuivant la courbe entreprise par les nazis, la nature tendrait à devenir une immense carrière, faite de trous, de manques, de failles, y compris sismiques (le Juif est un tremblement de terre pour les nazis). La nature est lieu de la ressource et lieu du vide, une fois la ressource exploitée. La carrière, la mine, la béance, sont la condition d'appropriation de l'élément retiré de la carrière, de la mine. Sans la mine de charbon éventrée, il ne peut pas y avoir de charbon à la surface. Sans l'être comme possibilité de l'étant, il n'y pas d'étant. Le nazisme est l'exploitation du charbon et le désir de la création de la mine de charbon, l'exploitation du visible et la mise en scène de l'invisible. Le nazisme est volonté du plein, du complet, du total, et monstration refoulée du vide. La nature est le lieu du possible, à partir duquel émergent les formes utiles à la race. Il y a un intérêt chez les nazis pour le possible, entendu comme ressource. Le nazisme est l'exploitation du possible, intérêt marqué pour ce qui fait être, pour ce qui permet de faire advenir le réel. La spoliation des biens relève de ce double procédé : augmenter la sensation de plein chez les nouveaux propriétaires comme faire le vide dans l'appartement des Juifs. Les antisémites ont toujours besoin des Juifs pour se sentir pleins. Les antisémites ont besoin des Juifs. Quand mon existence dépend d'un autre, cela s'appelle l'aliénation.

Ambiguïté de l'antisémitisme : haine et fascination, rejet et besoin des Juifs. C'est cela l'antisémitisme : une chaîne de croyances en la dépendance à l'égard des Juifs. L'antisémitisme, c'est toujours imaginer que le Juif a quelque chose de plus que l'autre n'a pas et vouloir ramener cette chose dans le giron de celui qui ne l'a pas : des biens, une terre, une *berakha*, une bénédiction, un pouvoir, une influence. L'antisémite veut faire démentir la prétendue élection juive.

Le racisme est ce délire qui consiste à penser que l'on peut se passer de l'autre, qu'il n'est pas important, qu'il m'indiffère totalement, que son existence n'a rien à voir avec moi. L'antisémitisme est ce délire qui consiste à penser que l'on ne peut pas se passer de l'autre, qu'il est trop important, qu'il me concerne totalement, que j'en suis dépendant, que je ne peux m'en déprendre. Quand une identité se construit sur la croyance en la dépendance à l'égard des Juifs, elle devient nécessairement antisémite. Si l'alternative devait un jour se poser en ces termes dans nos vies, *has veshalom*, il ne faudrait jamais préférer l'identité à la liberté.

Manque-à-être

Le nazisme est le devenir-juif raté. Le devenir-l'être manqué. En créant le vide, le nazisme a mimé l'acte par lequel la création peut se réaliser. À Birkenau, il y a désormais du silence, beaucoup de silence. Les nazis ont bien réussi à créer le silence. Il y a aussi quelques chants d'oiseaux. Le chant d'oiseau de Birkenau émerge sur fond du silence fondamental. Hitler, en ce sens, a réussi. Il a réussi à donner à voir l'être, le silence, comme condition de possibilité de l'étant, du chant d'oiseau, de ce qui existe réellement. C'est là la représentation nazie du contrôle de l'être, et donc du Juif. Alors que l'être est un mystère, pour le Juif comme pour tout le monde. L'être n'est pas un vide extérieur, il est une singularité, une exception intérieure, une zone de stabilité et de confiance au cœur de l'agitation et du doute. Les nazis pensaient que les Juifs détenaient l'être, qu'ils en étaient propriétaires, comme on détient le possible. Nul n'est propriétaire du possible. Nous n'en sommes que des locataires provisoires. Nous habitons l'être, nous lui donnons les formes, les tournures que nous souhaitons. Parfois, souvent, elles s'imposent à nous, mais nous ne le possédons pas. Le nazi pense que le Juif détient le secret de l'être, qu'il manipule l'être à sa guise, qu'il y évolue avec liberté comme un nageur en eau libre. Cela est faux. Le Juif galère avec l'être autant que quiconque. Mais le Juif garde en lui une trace de l'être comme élément de non-désespoir total, comme porte constamment entrouverte vers une définition de soi, des autres, du monde, de Dieu, différente de celle à laquelle il consent au présent. Le Juif sait que l'avenir peut surprendre, qu'une rupture peut s'opérer dans l'histoire, comme un éclair dans le présent, l'irruption du tragique, du Messie.

Les nazis, voire les Nations, ne peuvent supporter celui qui a identifié l'être-Dieu, celui qui le reconnaît comme être faisant être. C'est vrai que faire être, c'est beaucoup quand même. C'est très gros. C'est même embarrassant. On ne sait pas trop quoi en faire, on a envie de le partager parce que c'est trop gros pour soi, mais on a peur des réactions des autres. « Malheur à celui par qui le scandale arrive » : ce n'est pas tant l'objet du scandale qui fait scandale que le porteur de la nouvelle du scandale. Les Juifs ont essayé de minimiser leur découverte, de ne pas susciter l'envie des Nations : il ne faut pas nommer l'être-Dieu, de toute façon on ne parvient pas nous-mêmes à le nommer, il ne faut pas chercher à convertir les gens au judaïsme, on s'adjoint 613 commandements pour ne pas se frotter directement à l'être-Dieu, on écrit un nombre incalculable de pages pour en parler en n'étant jamais d'accord, on ne cherche pas à conquérir la terre entière mais seulement un tout petit territoire, on se fond dans le devenir-bourgeois-cultivé, on trouve des façons d'être sans en parler... Mais malgré tout, cela se voit, cela se ressent : une forme d'intranquillité, un au-delà des mots qui est perceptible sous la forme de « OK, il a une passion, il s'investit dans les objets de pensée ou matériels, mais je sens qu'il essaie aussi de s'en libérer, de ne pas en être esclave, il est dedans mais pas totalement, il tente de freiner, ça lui coûte ce repositionnement permanent et je le vois ». La place de l'être chez quelqu'un se voit sans qu'il n'y ait rien à voir. Sa capacité ou sa difficulté à revenir à soi, à la pureté des possibles quand il évolue et s'enfonce dans le monde de la manifestation. Une vie qui essaie d'être consciente d'un autre que soi en soi mais qui n'est pas totalement autre. Vivre sous le régime du manque-à-être ne signifie pas l'absence d'être. La psychanalyse dit « l'Autre (avec un grand A) est défaillant comme n'importe quel sujet. L'Autre complet n'existe pas. »

Pouvoir

L'être est ce qui paraît en toute chose mais qui n'apparaît pas lui-même. L'être est ce qui fait être l'étant sans s'y résumer. L'être de l'étant est la question ontologique par excellence : comment obtenir l'être de l'étant dans la pureté de son être ? Comment appréhender l'être de l'étant qui excède l'étant ? Peut-on obtenir l'être de l'étant sans l'étant lui-même ? Puis-je accéder à l'être en utilisant une formule chimique, en dissolvant l'étant pour voir si l'être y demeure sous la forme d'un précipité ? Telles sont les questions que je postule que le nazisme s'est posées. En éliminant les Juifs physiquement, en éliminant les étants, peut-on enfin accéder à l'être et l'acquérir ? En faisant le vide, en réalisant la soustraction fondamentale, les nazis ont conçu le projet de découvrir l'être, de le posséder, comme on possède le pouvoir. Effectivement, l'être est le pouvoir, le possible, pouvoir pur. Il est même le seul pouvoir. Le réservoir de toutes les promesses. Cette hypothèse de désir d'appropriation de l'être par les nazis est l'impensé du nazisme et de son histoire. Impensé pour les nazis eux-mêmes, car cela nécessitait qu'ils reconnaissent leur intérêt pour l'être-Dieu porté par les Juifs, or le Juif ne pouvait mériter publiquement d'être l'objet d'une quelconque fascination positive, seulement l'objet d'un dégoût repoussoir. Impensé pour l'histoire du nazisme, car c'est potentiellement valider la thèse hitlérienne du sentiment de supériorité des Juifs face aux Nations, montrer leur élection qui les sépare du reste de la société, confirmer que « oui, ils ne sont pas comme nous, ils nous dérangent avec leur différence, parce que tout le monde a le droit de réclamer d'être différent, c'est le principe de l'individuation, il n'y a pas qu'eux qui ont le droit de se sentir différents, ils nous dérangent parce qu'on ne sait jamais ce qu'ils pensent, ce qu'ils font, qui ils sont, on a l'impression qu'ils jouent avec l'être, qu'ils jouent des rôles, qu'ils nous manipulent, qu'ils se foutent de nous, qu'ils ont quelque chose qu'on n'a pas... » L'extermination juive signe le désir d'en finir avec l'étant pour garder pour soi, pour les nazis, l'être. Soustraire les positions de l'être pour en garder le substrat essentiel. Apparaît-il alors ? Il n'y a plus personne à Birkenau : y a-t-il de l'être ?

Oui, il reste toujours de l'être. Il reste, il y a un reste, c'est certain. Mais peut-on se l'approprier ? Non. L'erreur fondamentale nazie n'est pas tant de vouloir connaître l'être en le séparant de l'étant que d'imaginer que, l'opération réussissant, les hommes et femmes nazis allaient pouvoir l'acquérir, l'incorporer, le vivre, comme on mange, comme on introduit un plein dans une béance, comme on ingère la pierre philosophale. L'être ne se mange pas. On ne mange pas le Livre, on le lit et on l'interprète. L'être se donne sous la forme de la reconnaissance de la parenté. Je ne peux pas avoir l'être comme je possède un objet. L'être ne s'acquiert pas, ne s'achète pas. Il se reconnaît, s'identifie avec soi au travers de nous. Il vient briser les frontières du dedans et du dehors, il vient créer du lien, il est désir d'union et d'unité. Je ne peux pas le posséder. C'est bien plutôt lui qui me possède et qui m'indique où il y a d'autre être. Là où il y a de l'être, l'être en moi le sent, le reconnaît, le désire. L'être ne se donne pas quand on lui demande mais quand, à travers le désir qu'on ressent de lui, on se sent attiré par lui, on ressent un mystère qui nous touche, que nous ne comprenons pas, qui agit en nous. Je n'agis pas sur lui. Je n'en suis pas le maître. Les nazis ont donc échoué à conquérir l'être. Les nazis ont voulu tuer le concept d'humain comme quelqu'un qui vient à la fois de la terre et du ciel. Comme quelqu'un qui peut à la fois se définir et qui échappe à toute limitation définitive. En tuant les Juifs, ils ont voulu tuer l'humain. Ils ont tué des humains, mais l'humain existe encore.

Commencement

« À celui qui a il sera donné, même du surplus, mais à celui qui n'a pas, il lui sera ôté, même le peu qu'il a.[1] »

Je postule que le Juif a quelque chose que le nazi (que tout antisémite) n'a pas. Il ne sait pas ce qu'il a, mais il sait qu'il l'a. Le nazi ne sait pas non plus ce que le Juif a, mais il sait qu'il l'a. Je postule que ce que le Juif a est l'être. Ce qui ne donne pas une définition précise de ce qu'il a : l'être est un « mot-valise », un simple panneau indicateur pour nous aider à tourner le regard vers quelque chose de non regardable. Un mot issu de la Torah, יהוה, est le nom de Dieu. Il est composé à partir de la racine du verbe être conjugué aux trois temps : l'être présent, ayant été et à venir. Un mot repris par une partie de l'idéalisme allemand et étrangement par le philosophe Heidegger. Est-ce à dire qu'Heidegger témoigne d'un intérêt pour les catégories de pensée juives ? Heidegger reproche à la métaphysique et à la philosophie en général l'oubli de la question de l'être. Pour y remédier, pour construire et formuler sa pensée, il va utiliser une invention hébraïque. Le Juif l'intéresse (y compris dans sa réalité physique, comme Hannah Arendt), malgré sa complaisance assumée pour le nazisme, malgré son antisémitisme. Pour éclaircir cet apparent paradoxe, je postule donc que c'est précisément parce que le Juif l'intéresse, parce qu'il est

---

1 Mt 13, 12

le premier à avoir identifié Dieu à l'être, que Heidegger et les nazis sont antisémites. C'est le complexe du « second-premier », ou la croyance en l'impasse de sa propre vie tant qu'on ne devient pas premier avant son frère aîné (alors que l'on peut déplacer cette inquiétude en tentant simplement de vivre sa propre vie). La spoliation des Juifs est aussi une spoliation théologique et philosophique : on vole les Juifs, on s'approprie leurs biens et on ne dit pas aux gens qui verraient nos nouveaux biens qu'ils appartenaient auparavant aux Juifs. La spoliation est un double vol : l'acte d'appropriation et la non-reconnaissance de cette appropriation. Il y a vol, puis déni du vol : « Ah non non, ces meubles étaient déjà là dans la pièce, vous ne les aviez tout simplement pas remarqués », « Je suis le premier à reprendre la question ontologique depuis Aristote », etc. Il faut effacer les Juifs de la terre, mais idéalement il faudrait que les Juifs n'aient jamais existé. Ils n'existeront plus et nous n'en parlerons plus. L'effacement des Juifs est moins une solution qu'un préalable, qu'un commencement. « Enfin on peut vraiment commencer », auraient pensé les nazis une fois toute trace de vie juive effacée. Comme quand le professeur qui entre en classe fait face à des élèves bruyants : il essaie d'abord de les faire taire, de les ordonner, de les rectifier, puis enfin, il peut faire cours. Le raisonnement peut alors se déployer librement, sans entrave, sans résistance. Le Juif est moins celui qui perturbe les nazis que celui qui perturbe tout court, celui qui a toujours perturbé. Le bon enseignant est celui qui, faisant cours, suscite le silence. Il n'a pas besoin de préalable. Il prend les élèves comme ils sont, là où ils en sont.

La question et la solution

« Pourquoi la Torah a-t-elle été donnée dans le désert ? Pour que l'homme se rende disponible comme le désert.[1] »

Dire « le Juif a quelque chose que les nazis et les Nations n'ont pas » est entièrement faux, car si ce que le Juif a est l'être, tout le monde l'a, tout étant est. Aucune supériorité juive. En revanche, antériorité juive. Le Juif, dans l'actualité de sa présence, peut vivre et vit souvent de manière incompréhensible certaines choses qu'il ressent. Une différence fondamentale, le sentiment d'être décalé de l'époque, ou plus exactement de soi. La judéité comme façon de ne pas être tout à fait soi. Il n'est pas ici question de *Halakha*, de définir qui est juif en fonction de règles religieuses. En revanche, il s'agit du sentiment d'affiliation, c'est-à-dire du sentiment d'identité personnelle pris dans un lien à une antériorité. Le Juif dont je parle est la personne qui est sensible à la coupure qu'il ressent en lui. Une sensation qui s'impose à lui. Il arrive que des personnes ressentent ce quelque chose de différent en eux, souvent parce qu'ils ont une ascendance juive, même s'ils ne pratiquent pas la religion juive, même s'ils ne croient pas en Dieu. Ils ressentent un quelque chose qui les fait se tenir constamment à l'écart du groupe, même s'ils sont dans le groupe. Ils jouent le jeu de la structuration

---

1 Nedarim 55a

économique, sociale. Ils ont un travail, se marient avec des Juifs ou des non-Juifs, pratiquent des loisirs, ont des enfants ou pas, vivent dans le monde organisé de la manifestation, dans le monde du visible. Mais ils se sentent différents. C'est plus fort qu'eux, cela s'impose à eux. S'ils vont visiter Auschwitz, cela peut se réactiver en eux de façon violente. Tout le monde se sent différent, c'est effectivement le principe de l'individuation. Cependant, la différence qu'ils ressentent, eux, est une différence non pas de degré mais de nature. C'est une différence différente. Une différence de nature différente. La différence d'une nature différente. La sensation de quelque chose de profondément enfoui en eux, qui les relie à des ascendants réels ou imaginaires. Une nostalgie fondatrice. Une attention particulière au transgénérationnel. La croyance, souvent le constat que quelque chose s'est transmis en eux. Qu'ils ont donc. Qu'ils ne peuvent pas retirer car cela revient de façon lancinante dans leur vie, même quand ils essaient de l'écarter, même quand leurs proches les invitent à se conformer, les dissuadent d'investir cette curieuse sensation. Quelque chose qu'ils ne peuvent pas soustraire alors que ce qu'ils ressentent est plutôt de l'ordre de la soustraction que de l'addition. Une soustraction qu'on ne peut pas soustraire. Quelque chose qu'ils ont, mais qui apparaît comme un manque, comme une interrogation. L'affirmation d'une question. Un pressentiment certain de l'incertitude. Comme une structuration de soi fondée non pas sur une réponse mais sur une question. Pour résumer la définition de cette sensation, je dirais :

a) qu'elle apparaît en soi plutôt sous la forme d'une question que d'une réponse, plutôt donc « qui suis-je ? » que « je suis ceci ou cela »,

b) qu'elle est en lien avec une antériorité, avec une filiation, avec un passé, éventuellement perçu comme familial ou métaphysique.

Cette sensation se donne donc, souvent, sous la forme d'une intranquillité (philosophique, psychologique, en rapport avec *a)*, qui ouvre la voie à la créativité), et sous la forme d'une interrogation sur son propre passé, sur ses fondements (en rapport avec *b)*, qui ouvre la voie à la science, à la théologie, à la psychanalyse). Cette sensation ressentie dans la psyché et dans le corps n'est pas encore suffisamment affinée pour décrire sa spécificité juive. C'est ici que la question de l'être entre en jeu. Le jeu de l'être. Comme on dit qu'un mécanisme a du « jeu », que les deux parties mécaniques ne collent pas parfaitement, qu'un écart s'est créé et qu'il pose question. Le mécanisme va-t-il fonctionner ? Mais oui, la plupart du temps, il fonctionne quand même. Il peut ne pas fonctionner, alors il faut réidentifier le jeu et l'accepter. Cette sensation est donc l'interrogation de l'origine.

Je postule que le nazisme est :

a) intérêt marqué pour les questions et volonté d'y apporter des réponses, des solutions,

b) désir d'une origine pure et compulsion de séparation.

Le nazisme ne peut pas, en conséquence, laisser de côté l'interrogation de l'origine. Le nazisme ne peut ignorer l'étrange sensation du Juif. Elle est même une priorité absolue pour lui : il faut trouver une solution pure à la question de l'origine, à la question de l'être, apportée par le Juif. Une solution pure, c'est-à-dire dénuée d'ambiguïté, une solution non interprétable, une solution non discutable, une solution sans reste, le résultat d'une division euclidienne sans reste. Une solution *élégante*. Une solution non-juive. Le nazisme a prétendu répondre de façon non-juive à la question juive, alors qu'il n'y a pas de question juive ni de question de l'être, mais seulement l'être comme possibilité de toutes les questions et de toutes les réponses.

Indicible

L'interrogation de l'origine, question originelle, est la marque du Juif. Ce dernier est un enquiquineur, un empêcheur de tourner en rond, un rabat-joie ou un provocateur, un obstacle à toute névrose obsessionnelle, un non-indifférent à toutes les questions, car il est fondamentalement traversé par la question de l'être. En quête d'être. En apnée d'être. Avec un souffle coupé par les limites de sa condition humaine mais animé par le désir de les transcender. Il porte en lui la régression à l'infini vers la question de l'origine de l'être. Toute question le ramène, de près ou de loin, consciemment ou inconsciemment, à la question de l'origine. Il est donc secoué par l'être, il fait avec, comme tout le monde, mais il sent que quelque chose cloche. Nous pressentons tous que quelque chose cloche mais nous ne le disons pas. Pour le Juif, ce pressentiment peut être particulièrement intense. Quelque chose de l'ordre d'une nostalgie originaire, une nostalgie de l'origine, la sensation d'une incomplétude parfois difficile à supporter, l'intuition d'une faille fondatrice. Comme si, au commencement, ce n'était pas le plein mais quelque chose d'autre. Nous disons ce quelque chose au quotidien par une multiplicité de mots, nous dépensons de l'énergie, qui est peut-être la marque du vivant. Nous pressentons que nous sommes liés les uns aux autres, que quelque chose nous parcourt qui nous relie, mais nous ne comprenons pas. Peuvent émerger des sentiments d'unité et d'interdépendance en nous. Mais cela résiste à notre compréhension. Nous faisons comme si, comme si tout allait bien dans nos vies, en essayant de montrer du plein, de l'efficace, de l'utile, du carré. Mais nous savons, dans le fond, que peu à peu nos définitions, nos approches de tout, de l'être, sont trop étroites et que nos mots ne parviennent pas à exprimer ce que nous ressentons : l'être ne s'est ni épuisé ni accompli dans ce qui a été dit. Des pensées peuvent surgir : « Et si nous nous étions plantés du tout au tout ? Et si notre monde humain s'était construit, en particulier la modalité de la connaissance humaine, le rapport aux autres, à soi, sur des fondements restrictifs ? » L'impression diffuse que tout n'est pas dans tout, encore, et que nous devons supporter cette condition, vivre cette tension. Accepter de vivre dans l'histoire, d'être dans le temps alors que, fondamentalement, on se sent hors du temps. L'impression que l'être se donne effectivement, qu'on peut le ressentir, mais que notre monde ne le voit pas, qu'il ne le met pas en valeur, qu'il ne l'affiche pas, qu'il n'est pas partagé dans nos bouches.

L'être, le nazisme l'a entraperçu. Le nazi s'est dit : « tiens, il y a quelque chose de drôle de ce côté-là, du côté des Juifs. Ils montrent quelque chose qu'ils cachent. Ils cachent quelque chose qu'ils montrent. Leur rapport aux choses est désengagé alors qu'on a l'impression qu'ils sont pleinement engagés. Ils sont dans le monde mais ils ne sont pas tout à fait du monde. C'est insupportable de voir qu'ils vivent comme nous, qu'ils souffrent même comme nous, cela se voit, mais qu'au fond, ils ont une faculté de résistance et de dégagement que nous n'avons pas. Ils maintiennent une tension entre l'infini des possibles et le réel. Ils montrent de l'être au-delà de ce qui est. Leur proximité avec l'être nous angoisse et nous menace. Ils arrivent à faire émerger l'individu dans le rapport à l'infini des possibles. Soit ils se plient à notre façon de concevoir le monde, de s'y engager pleinement, sans laisser de vide, en abandonnant leur putain de bizarre distance, et nous allons exiger cela d'eux dans un premier temps. Ils vont s'assimiler. Soit, dans un second temps, nous allons leur subtiliser ce pouvoir, leur pouvoir de rebondir, d'échouer et de se reprendre. Nous allons leur voler leur capacité à douter et surtout à accepter le poids de l'incertitude, le poids des questions. Leur façon de tenir malgré les aléas de la vie. On va les ramener à leur état de Juif, on va les désassimiler. Mais qu'est-ce qui les fait tenir comme ça, alors qu'ils sont dans une posture limite, qu'ils sont peu nombreux, et qu'ils rayonnent autant ? »

L'intranquillité est le symptôme du peuple juif, de son complexe messianique[1]. Le complexe messianique émerge tels un désir ardent, une ambition dévorante, un besoin irrépressible d'incarner le sauveur du monde. Il ne s'agit pas d'un simple désir général, dissimulé ou exprimé, d'améliorer la condition humaine. C'est également l'ambition personnelle de se hisser au rang de rédempteur du monde. L'aspiration à la grandeur personnelle se tisse intimement au cœur de cette quête messianique, qui vise avant tout à offrir le retour, la rédemption à autrui. Le désir de se charger de la

---

1 Cf Rav Adin Steinsaltz, *Les Juifs et leur avenir*, Albin Michel, 2008

responsabilité personnelle du Messie fait partie intégrante de cette aspiration, qui puise sa source dans un besoin profond de répondre aux troubles, aux souffrances et aux désirs de l'autre. Quand je constate la détresse d'autrui, il m'incombe, par ma volonté, de m'engager à être celui qui le délivre. Je suis un reste, un vestige toujours actuel, une manifestation résiduelle du passage de l'être, capable de faire retour sur lui. Il m'incombe d'embrasser mon être propre, d'être et de devenir ce que je suis réellement : c'est ainsi et seulement ainsi qu'alors peut jaillir l'ouverture vers l'être. Il n'est pas donné à chacun de le percevoir dans l'instant, mais l'homme politique qui défend ses idées avec un intérêt sincère pour l'opprimé, parfois même contre la maximisation de ses propres intérêts, l'enseignant éreinté qui fait le choix de travailler en éducation prioritaire, le médecin de campagne disponible jour et nuit, tous portent en eux le rêve latent de chaque enfant juif : offrir la *gueoula*, la délivrance. En un mot : être le Messie.

Être et avoir

Ma thèse :

a) le nazisme a désiré voir l'être,
b) le nazisme a désiré avoir l'être.

Malgré les multiples tentatives pour que les Juifs s'insèrent, se conforment et adhèrent pleinement au principe organisationnel de la société européenne, moderne, technique, ces derniers ont encore laissé échapper d'eux ce quelque chose d'innommable que je nomme artificiellement l'être. Un je-ne-sais-quoi de perturbateur. Ça se joue à peu, en fait. Ce n'est pas grand-chose, mais c'est quand même insupportable pour les nazis. Une impossibilité à saisir le Juif, à l'appréhender dans sa forme. D'où l'idée que le Juif n'a pas de forme, voire surtout qu'il déforme, qu'il contamine ce qu'il approche. L'aryen est la forme de la culture, de la civilisation. Le Juif, lui, n'est pas totalement surpris quand il faut être surpris. Il s'étonne quand il faut s'étonner, mais son étonnement n'est pas total. Même assimilé, même ne menant pas de vie communautaire, une trace irréductible se retrouve en lui. Il rit trop. Il n'est pas assez scolaire. Il est scolaire, même souvent très scolaire, mais il y a encore un bout qui dépasse. Un je-ne-sais-quoi de retenue, une marque de l'ailleurs, quelque chose dans son regard qui s'exile. C'est invisible, mais c'est ressenti. Il ne respecte pas de répondre loyalement à la question qui lui est posée. Il détourne, il contourne, on ne sait pas où il est. Lorsque le Juif accède, selon sa propre conviction, à une identification supposée parfaite avec la culture qui l'entoure, il demeure néanmoins étranger à une partie de lui-même. En dépit de sa volonté consciente ou de son désir inconscient pour se transformer et devenir autre, il reste inévitablement ancré à un noyau indestructible. Ce noyau, ce *reste*, peut demeurer latent pendant des années, voire toute une existence, se manifestant rarement. Pourtant, sa présence engendre indéniablement une différence. L'assimilation n'est jamais complète. Peu importe ce que le Juif peut réaliser dans la société à laquelle il appartient, malgré ses engagements, malgré le noble désir de penser contre soi, de quitter son fond, il demeure un acteur jouant un rôle. Certes, le personnage peut être joué avec dextérité et sentiment d'authenticité, à la fois pour prouver sa valeur et parce que le besoin de reconnaissance s'étend à l'esprit admiré d'un peuple particulier, voire d'un mouvement aspirant à l'universel. Néanmoins, il est impossible d'éliminer l'élément essentiel de son aliénation. Il est différent. Sa fidélité consciente est entièrement vouée à son environnement d'assimilation, mais au plus profond de son être persiste obstinément sa différence : il est juif. Quelle que soit la subtilité de cette différence, c'est cette mesure même de distinction, cette capacité à être autre, qui permet aux Juifs de se reconnaître mutuellement dans un environnement étranger, et, jusqu'à un certain point, qui permet également aux autres de discerner qui est juif. Aussi ardent soit le désir du Juif de s'intégrer à la société, reste cette petite ombre, cet élément si léger et profond à la fois, émanant d'une essence différente, non menaçable, non périssable. Telle une particule élémentaire en mécanique quantique, on ne saurait déterminer à la fois sa vitesse et sa position. Le Juif est-il une onde ou une particule ? Ce n'est pas un hasard si le principe d'incertitude en physique quantique est découvert en 1927 en Allemagne : « peut-on voir l'être et peut-on le saisir ? ». Telle est la grande question que les Juifs posent à tout le monde sans la poser, sans que le monde ne sache y répondre, sans que le monde n'avoue qu'il essaie d'y répondre, sans que le monde n'avoue qu'il s'intéresse aux Juifs.

Hitler va vouloir y répondre. Avec une réponse de nazi et non de physicien : il ne doit pas y avoir de principe d'incertitude. L'univers est réglé par les mêmes lois qui régissent notre propre pensée. L'univers est organisé par des lois naturelles, logiques, biologiques, comme la société doit être organisée de façon naturelle, logique, biologique. Il y a une continuité entre l'être et la pensée. La culture est naturelle. Si ma pensée est claire, l'univers doit être clair. « La solution du problème que tu vois dans la vie, c'est une manière de vivre qui fasse disparaître le problème[1] » : le nazi n'a pas réussi à trouver cette manière d'être qui lui aurait permis de ne plus considérer le Juif comme un problème pour son être. Le nazi a pourtant essayé. Il s'est dit : « Il faut résoudre le problème, non pour se satisfaire d'avoir trouvé une réponse, non pour la célébration du surmontement de l'obstacle, mais pour qu'il n'y ait plus de problème. Pour que le problème n'existe plus, simplement. Qu'il n'ait jamais existé. Surtout qu'on fasse comme s'il n'avait jamais existé. Pour qu'on puisse

---

[1] Ludwig Wittgenstein, *Remarques mêlées*, GF Flammarion, 2002

passer à autre chose. Que plus personne ne vienne nous enquiquiner. Surtout que plus personne ne puisse dire qu'il pose le problème de l'être à part nous, les nazis. Qu'on soit tous reposés, détendus, d'évoluer dans un monde biologique, naturel, sain, où ce qui se présente est complet, compréhensible, saisissable. »

La peur et la confiance

La crainte du vide est puissante. Dans la Torah, elle est même la première peur qui touche l'humanité. Lorsque Adam et Ève goûtent le fruit de la connaissance, ils deviennent subitement conscients de leur nudité et prennent peur. Ils redoutent d'être vus par eux-mêmes, car il n'y a personne d'autre qu'eux. Cette peur réside dans ma capacité à rendre compte de ce qui m'appartient, de ce à quoi je tiens, de ce que je suis. De mon ouverture originaire. Nous craignons de ne pas pouvoir en assumer la responsabilité, car nous avons tellement pris l'habitude de renoncer à cette ouverture que l'exposition de cette dernière, sa mise en lumière, semblerait être la fin du monde, l'aveu de notre vulnérabilité. Alors qu'elle marque plutôt un commencement, une opportunité pour explorer, découvrir et jouer, avec des éléments tels que nos vêtements, nos formes, nos idées, qui sont des manières de dissimuler notre nudité, notre véritable identité. C'est aussi la peur de se sentir coupable, de se sentir imparfait, insuffisant, comme si je n'avais pas été livré sur terre complet, riche d'un potentiel immense (une vie humaine ne suffit peut-être d'ailleurs pas à en mesurer l'étendue). Peur de se sentir désorientés, une peur qui confine à l'angoisse. Peur de se sentir divisés, fragmentés, car nous ne sommes pas habitués à ressentir simultanément la joie et la souffrance. Pourtant, c'est une grande force que de pouvoir ressentir presque en même temps la joie, le plaisir et le bonheur, tout en étant conscient que des problèmes existent et ne sont pas nécessairement résolus. Car ces deux pôles ne s'annulent pas. La tension entre eux deux n'est pas à côté de la vie, elle est la vie. Souvent, notre manière de gérer cette situation est de se cliver. Pour se prémunir contre le risque de division interne, nous nous scindons : il y a un temps pour le plaisir et un temps pour la souffrance.

Cette peur d'être divisé, c'est la peur des possibilités, la crainte de perdre nos repères. La crainte d'un moi disloqué, confronté à ses fragmentations. Être juif, être, c'est assumer d'être divisé, coupé, coupable même[1]. Il existe donc un fantasme de protéger une identité pleine qui prétendrait y faire face. Cependant, si cette identité est pleine, autonome, bien fermée, bien étanche, elle ne fait pas face aux possibilités, elle les évite. Par peur précisément. Et c'est ainsi que la peur devient invisible, sans panique apparente. Pourtant, la peur accompagne chaque nouveauté qui se présente. On parle de « la peur de l'autre », mais qu'est-ce que « l'autre » en réalité ? C'est l'autre qui existe en moi. C'est la peur de l'altérité qui réside en nous, la peur de découvrir que nous ne sommes pas étanches, qu'il y a des fragments en nous, que nous sommes morcelés. C'est la peur de devoir jouer un jeu plus complexe, plus riche, que celui de simplement exécuter ce que nous pensons être notre désir. Alors qu'en réalité, notre véritable désir est peut-être d'exister avec toutes ces possibilités, avec toutes ces divisions, et d'avoir suffisamment d'amour pour la vie, pour notre propre vie, pour savoir que nous pouvons

---

[1] Cf Daniel Sibony, *Question d'être*, Odile Jacob, 2015

assumer cette épreuve. C'est l'amour de l'être qui est l'acte éthique essentiel. C'est la *emouna*, la vraie confiance.

Dans la vie, il arrive que l'on se retrouve dans des situations difficiles, avec le sentiment d'être bloqué dans un trou au fond duquel les perspectives alternatives se dérobent. Il est naturel de ressentir du désespoir, mais il est important de ne pas laisser le désespoir perdurer indéfiniment. S'abandonner au désespoir reviendrait à adopter une position fallacieuse, suggérant que la vie aurait prononcé son verdict ultime à notre encontre : « Cet homme, cette femme, sont à jamais perdus. Il est temps de les rayer du livre. » Or, la vie ne profère jamais pareille sentence. La vie est bien trop vaste, trop distraite pour se focaliser sur nous en disant : « C'est terminé pour eux, passons à autre chose. » Cela n'existe pas. Nous pouvons ressentir du désespoir, mais ensuite, nous devons en sortir et chercher des possibilités. Que nous offre l'horizon des possibles ? Y a-t-il un indice, aussi minime soit-il, qui se présente à nous ? Un petit projet inattendu, un contact improbable ? Nous réalisons alors qu'un dialogue s'instaure entre nous et nous-même : « Oui, ce petit projet est bien, mais c'est un peu modeste. Je mérite mieux, j'ai besoin de quelque chose d'autre. » Souvent, nous négligeons de faire grandir cette petite lueur. Pourtant, lorsque nous avons une petite possibilité, nous pouvons l'agrandir en mettant le pied dans la porte et notre ego de côté. Cela en vaut la peine, nous pouvons nous dire : « Certes, c'est encore petit, mais c'est déjà une avancée, et nous verrons plus tard ce que cela donne. » Il y a une relation double avec la lumière. Il faut s'intéresser aux petites lumières tout en gardant à l'esprit la grande lumière, l'autre lumière, et se rendre compte qu'elles sont la même. Les petites lumières émanent de la lumière d'être, c'est-à-dire de la splendeur du monde dans sa capacité à se renouveler et à se manifester par une parole créatrice. La petite lueur nous extirpe des ténèbres de la banalité au sein de laquelle ne s'offre nul possible. Savoir se faire humbles comme cette petite lumière et réaliser que nous pouvons devenir grands comme la grande lumière dont la petite est un fragment.

Néanmoins, pour voir la petite lumière, il faut faire une place en soi, se retirer un peu. Le nazisme élaborait un rapport particulier à la vacance, c'est-à-dire au vide. Le vide est l'anagramme de Dieu. Le vide, c'est le possible, le possible de l'être. Cultiver la vacance, tant au niveau corporel que dans notre manière d'être, permet, lorsque nous nous sentons comprimés, opprimés, de trouver des échappatoires de la pensée, des épanouissements de l'âme, afin de retrouver le vide, vecteur du possible. Les nazis pressentaient que le vide, c'est quelque chose qui nous amène au possible, qui nous fait fréquenter le possible, une forme d'absolu. Lorsque la pièce est encombrée de toutes parts, faire le vide consiste à se séparer d'objets afin de retrouver de l'espace pour bouger, pour respirer. Cependant, le but de la vie ne se réduit pas à respirer, mais à avoir de l'élan, à puiser une inspiration profonde vers autre chose. Pour être inspiré, il faut fréquenter le royaume du possible. Les nazis ont cru trouver l'inspiration en faisant le vide de ceux qui appelaient au vide.

Le Juif est un poseur de questions, le poseur de la question. Celui qui, par la question qu'il pose, permet d'être infiltré par l'être, d'élaborer des frottements entre le possible et l'acte, l'actuel. Auschwitz, parce qu'habité par le Juif, est aussi le poseur de la question, de toutes les questions.

Des milliers d'années de civilisation ont abouti à Auschwitz[1]. Ne pas être hanté par ce fait, c'est renoncer à toutes les questions.

---

1 Cf Gérard Haddad, *Lumière des astres éteints*, Grasset, 2011

Éternelle liberté

Sur l'échelle de Richter, la Shoah est non mesurable. La courbe tracée par le sismographe connaît une chute vertigineuse, infinie. La Shoah est une expérience limite pour la pensée car elle est absence de limites physiques, naturelles, humaines, éthiques. L'aiguille oscillante du sismographe doit inscrire un tracé infini vers le bas sur la feuille. C'est problématique parce que la feuille est limitée. La Shoah est un arrêt cardiaque. Elle est l'arrêt provisoire du cœur de l'homme. L'AVC de Dieu. La Shoah est continuité historique, lien entre l'univers mental des nazis et l'histoire et la géographie de l'Europe. Mais elle est aussi rupture. Discontinuité. La Shoah est franchissement, saut qualitatif et quantitatif, différence de nature. On peut regarder en face la continuité, l'étudier, mais on ne peut pas regarder en face le néant. On n'accède pas à la Shoah de façon immédiate. Elle est médiatisée par un certain nombre d'objets, physiques et théoriques, par des sciences humaines et sociales. Comme on ne peut pas voir la lumière. On ne voit que ce sur quoi elle se pose, ce qu'elle illumine. On ne voit pas la Shoah comme on ne voit pas l'être. On ne voit, chaque fois, que ce à quoi il se rapporte. Le nazisme voulait voir la lumière, voulait découvrir l'essence de la lumière. Or c'est impossible avec nos yeux humains. Voir la lumière, c'est se crever les yeux, c'est mourir.

Les nazis voulaient fixer le rapport à l'être, comme ils pensaient que les Juifs l'avaient fixé, c'est-à-dire fixé de telle façon que non fixé. Ils sentaient que les Juifs avaient trouvé la solution finale de la question de l'être. Un ajustement définitif entre l'être et l'étant qui permet d'avoir l'être. Or les Juifs n'ont pas trouvé de solution, ils apportent un rapport libre à l'être libre, qui est vécu dans l'Europe moderne comme une question. Le Livre des Juifs ne cesse d'évoquer et d'élaborer des événements au sein desquels ceux qui croient avoir comblé le manque-à-être s'effondrent. Il n'aime pas ceux qui, comblés de leur foi, aiment Dieu pour n'aimer personne. Il est contre la foi idolâtre, le pouvoir, l'érection d'une institution, qui complètent le manque-à-être par l'appui de leurs certitudes. L'être entrouvre des portes. C'est ce qui se transmet aux moments les plus réussis du travail thérapeutique, quand l'analysant voit apparaître d'autres passages, d'autres façons de s'y prendre avec la vie. Il essaie alors d'assumer le manque au fondement de son être. Le manque primordial dont il souffre, comme il ne se remettra jamais totalement de la perte du ventre de sa mère, de cet immense espace d'amour et de réconfort. Notre chemin ne consiste-t-il pas à vivre sans, à vivre avec, avec une autre, avec un autre, qui ne saurait combler toutes nos attentes, étant incapable nous-même de combler les siennes ? Assumer le manque, sortir de l'angoisse et devenir responsable. Le *Dasein*, « inventé » par Heidegger mais repris de façon inavouée comme calque du sujet juif thoraïque, n'a pas besoin de fenêtres car il est toujours déjà ouvert.

Être et temps

En inscrivant la Shoah comme un acte pris dans le temps, un acte matériel de destruction physique, avec une chronologie, le nazisme a, par nature, échoué. La destruction de l'*être juif* ne peut pas être prise dans le temps car l'*être juif* n'est lui-même pas pris dans le temps. L'*être juif* n'est pas pris dans le temps, l'*être juif* ne prend pas le temps. Il ne le prend pas au sens où le temps serait pour lui une donnée qu'il maîtriserait. Même si l'eschatologie messianique mentionne constamment la fin des temps, cette fin des temps est à la fois du ressort de l'humain et de Dieu. L'*être juif* est à la fois attente, voire impatience, et réalité déjà présente. Réalité déjà constamment présente sous la forme d'une coupure, d'une scission au présent entre ce qui se présente et le potentiel à venir. Une place au présent à la fois pour l'homme et pour Dieu. Une inexactitude entre le phénomène qui apparaît au présent et ce qu'il pourrait être également au présent. Le rituel juif offre cette perspective : au temps linéaire, c'est-à-dire le temps qui file et qu'on ne rattrape jamais, le temps de la mort en somme, il oppose une autre temporalité, celle du temps cyclique, l'éternel retour du même, qui rassure. « Une autre année arrive et le *Machiah* n'est toujours pas là ? Pas grave, on continue quand même, on peut vivre quand même, et d'autant plus. » Le verbe « être » en hébreu peut se conjuguer à tous les temps sauf au présent, parce que le « je » est en perpétuel mouvement et qu'il ne doit pas figer l'être dans l'immédiateté du temps présent. Le Juif s'étonne donc moins du fait que les choses sont ce qu'elles sont que du fait que les choses sont. L'objet de stupéfaction juive n'est pas tant l'essence des choses, leur signification, que leur existence. Ce qui interpelle la conscience juive n'est pas le *quid* mais le *quod*, le *Das* plutôt que le *Was*, le « que c'est » plutôt que le « ce que c'est ». L'être a créé, et en créant, il a transmis l'être. C'est cela qui est sidérant : en créant, dans son trait et son retrait, l'être a laissé des traces d'être, en nous. Créatures créatrices. La nature changeante des perceptions du monde marquées par l'intentionnalité est assumée assez naturellement comme la marque du sujet juif : l'objet se détache sur un arrière-fond de monde de la vie, laquelle est ouverte, mouvante, surprenante. Le doute, le désir de savoir, la science sont bien de l'ordre de l'humain. Mais que l'objet soit, c'est ce qui est remarquable. Qu'un monde soit. Que l'être transmette de l'être au monde. Au passé, au présent, dans l'avenir.

L'*être juif* considère le temps comme la fonction qui renouvelle constamment le présent, et qui lui-même n'est pas renouvelé. Le temps juif n'est pas temporalité, succession, chronologie, addition, il est la trame structurelle, le support de la venue messianique. D'une certaine manière, le Messie est déjà là, il était déjà là au commencement. La Shoah est inscrite dans le temps au sens où nous la considérons aujourd'hui comme un événement historique, étudiée comme telle, dans ses préludes, son développement, sa solution finale. Le nazisme a cru bon de marquer l'extermination du sceau de la téléologie : la solution sera finale comme, plus tard, la « lutte » sera finale. Inscription de l'avenir dans le présent. Parodie de l'*être juif*. Il s'agit de mimer l'acte de rédemption biblique, le salut messianique de la fin des temps. Mais la Torah comme le Juif ne sont pas des événements historiques. La Torah peut bien sûr être étudiée sous la modalité socio-historique, à la recherche de ses multiples auteurs, prise dans un contexte spatio-temporel, etc. Elle est fondamentalement anhistorique. Elle écrit de façon éternelle un récit pris dans le temps. Abraham a autant d'actualité aujourd'hui qu'il y a mille ans. Jacob et Aaron seront toujours porteurs de vérité dans mille ans. Elle est inscrite dans une éternité qui n'est pas durée infinie mais intemporalité. Le Juif peut prendre le temps de vivre, il ressent pourtant en lui la possibilité incandescente d'une autre vie, éternelle, contenant en elle tous les âges du monde, de soi, de Dieu. Une vie en retrait du temps. Les possibles coexistent à chaque instant en chacun de nous : être juif, c'est être libre. Si Moïse n'avait pas pressenti en lui, et même malgré lui, la capacité à convaincre Pharaon, les Hébreux seraient encore esclaves. Moïse était probablement bègue, c'est pourtant lui que Dieu a choisi, ironiquement, pour parler au peuple et à Pharaon. Parce que le lien Moïse - Dieu existe de toute éternité, en dehors du temps. Il fait partie de la structure de l'être. C'est cela le message biblique : pointer vers l'impossible, l'absurde, l'humour, pour dire les intersections entre le réel et le possible. Il en fallait de la confiance et de l'humilité pour s'imaginer autrement, pour que Moïse sorte du syndrome de l'imposteur et se dise « ben oui, OK d'accord, c'est moi qu'Il a choisi, je vais l'accepter et je vais me faire confiance », sortir de ses déterminismes psychologiques et physiques. La rédemption est déjà à l'œuvre, potentiellement, au cœur du présent de chacun de nous. Mais elle n'est pas spectaculaire comme la Shoah, elle n'est pas une institution seulement humaine.

Le nazisme a échoué à rendre actuelle la destruction : la Shoah n'existe plus, les Juifs ne meurent plus par quantité astronomique dans les chambres à gaz ou par fusillades. Le Juif continue d'exister et, pire pour les nazis, l'*être juif* continue d'exister. C'est la dimension métaphysique de la Shoah qui est constamment actuelle car elle est le miroir de l'*être juif*. Elle n'a pas mis fin à l'*être juif*. Au contraire, elle rappelle l'*être juif*. Elle est rappel à tout présent, celui-ci comme celui à venir mais déjà présent, comme celui qui est passé mais pas dépassé, de la possibilité du monstrueux, de la sortie de l'humain et du divin. Je fais même le pari que cet événement singulier, la Shoah, agit dans le temps comme principe métaphysique à l'inverse de tout événement historique : on l'oubliera de moins en moins, elle ne cessera d'augmenter en intérêt, car elle est la marque invisible du visible. Quarante mille ouvrages environ sont consacrés à l'historiographie de la Shoah. Le nombre probable d'ouvrages à venir est de l'ordre de l'infini. La Shoah atteindra peut-être ce point d'incandescence historique, qui la fera basculer dans un autre domaine de pensée ou de non-pensée, non encore inventé, tant sa confrontation à la contemporanéité servira de boussole – par exemple face à la tentation transhumaniste qui vient, face à l'obsession du « rendement » humain. À mesure que le temps nous sépare de l'événement historique Shoah, nous accroissons notre puissance d'observation, de fascination pour cet objet, jusqu'à l'hypnose, qui est peut-être le seul état psychique nous permettant d'y avoir accès.

Dans l'obscurité, il est parfois plus aisé de distinguer certains éléments saillants de notre environnement en ne les regardant pas directement. Plutôt du coin de l'œil. L'œil se fixe sur une zone sombre et peut apparaître, alors, à la périphérie de la visée, ce qui n'était pas discernable à la visée. C'est une modalité possible d'accès à la Shoah. L'autre modalité, c'est de la viser directement, en ne distinguant rien du premier abord, puis de laisser imprimer sur la rétine le flot d'images qui s'entassent les unes à la suite des autres. Une forme de halo vague surgit, puis des contours plus précis. Enfin, quand l'état hypnotique est atteint, on accède à cette vérité métaphysique : ce que l'on voit en regardant directement la Shoah, c'est notre propre œil, notre visage. C'est la Shoah qui nous regarde. Elle est humaine. Elle est la volonté humaine de toucher l'invisible. Elle fait mourir.

La distance de l'être

La Shoah est volonté de voir l'être et de l'avoir. Elle est volonté de voir le Juif et de l'avoir. Le déshabiller avant de l'envoyer dans la chambre à gaz. Il faut voir le Juif sans ses vêtements pour voir ce qu'il dissimule dessous. Comment est-il ? Y a-t-il une zone cachée qui renfermerait son secret ? Il faut le priver de tout, de ses vêtements, de ses chaussures, de ses lunettes, de ses dents en or, de ses béquilles, de ses cheveux, de ses poils, le peler comme un oignon pour atteindre son cœur, lui soustraire ses *klipot* pour voir son arbre de vie. Ainsi, on réalise l'Œuvre au Noir. Il faut le voir dans sa nudité pour comprendre comment il fonctionne et découvrir son mystère. Mais même nu, il reste une énigme, car rien ne le distingue. Hormis la *brit mila* pour les mâles. D'où la volonté de continuer de le dénuder, même s'il est déjà nu. D'où les expériences qualifiées de médicales par les nazis, actes de torture et de barbarie. Sous la peau du Juif, y a-t-il enfin là le secret ? Peut-être qu'en le disséquant, qu'en lui retirant des membres ou des organes alors qu'il est encore vivant, on va parvenir à capter son être, à saisir sa vie, à la boire ? Là encore, transgression biblique, septième des lois noahides. Au-delà de la cruauté, il faut y voir la quête métaphysique dans l'univers du physique.

Le cheveu, le poil, la peau du Juif sont fascinants et investis de pouvoirs magiques : dort-on confortablement sur des oreillers remplis de cheveux de Juifs, l'éclairage est-il bien tamisé avec un abat-jour en peau de Juif, les mains sont-elles bien propres grâce au savon en graisse de Juif ? L'être peut-il se transmettre par l'oreiller, l'abat-jour, le savon ? Non, l'expérience est en réalité encore décevante. On ne se réveille pas changé le matin, illuminé par l'être après avoir passé la nuit sur un oreiller en cheveux de Juifs. Alors il faut continuer le Grand Œuvre. Une fois qu'on a débarrassé la *prima materia*, le Juif, de ses scories, il faut y adjoindre un solvant, ou plutôt un dissolvant, et mettre le tout à chauffer dans l'athanor. Il y a une dimension chimique dans la solution finale, la solution résultant de la dissolution dans un solvant. Une fois que le Juif a inhalé le Zyklon B, a incorporé le Zyklon B, que la température de la chambre à gaz a bien augmenté pour que le dissolvant agisse, que le Juif a bien brûlé dans le four, a-t-on, enfin, produit la pierre philosophale ? A-t-on transformé le plomb en or ? Bien sûr il n'y a pas d'or. Mais il y a quelque chose. Peut-être l'אוֹר, que l'on prononce « or », traduit par « lumière » en français, voire, par association kabbalistique, par le « secret », l' « étrangeté ». Tellement décevant pour les nazis. Rien de réifié, de tangible, de « mettable en boîte ». On oublie que le national-socialisme était aussi un matérialisme, tourné vers le confort et le bien-être de la race, vers le monde des objets, dont le paradigme est la boîte, lequel trouvera son apogée avec l'invention du container. Déjà le début des 30 Glorieuses, merci les nazis. La boîte, le contenant, à défaut d'avoir le contenu.

L'interdiction de l'idole réside dans le risque de représenter ce que l'on ne peut pas se représenter. Ce n'est pas un visage ou un corps qui est interdit de représentation, c'est Dieu lui-même. L'interdit n'est pas d'élever des idoles, mais d'élever des idoles représentant Dieu avec le risque de leur vouer un culte, comme pour combler le vide laissé par la non-représentation. L'interdit est de donner une réponse au lieu de poser une question. Le Juif sait qu'être, c'est être en manque et, par là, c'est s'autoriser à vivre. L'homme qui est à l'image de Dieu doit rester une énigme pour ne pas être enfermé dans une boîte. Nous ne devons pas prendre le risque de mal dire l'autre, de le maudire, de lui retirer sa capacité à être vivant, en mouvement, en perpétuel devenir, de le figer dans une image de lui-même. L'interdit est tout sauf une censure, il préserve l'espace de l'autre homme. Enfermer le Juif dans la boîte de la chambre à gaz pour essayer de l'avoir. Le nazi est toujours déçu parce qu'il suit, haletant, le Juif qui fait la course en tête. Depuis la sortie d'Égypte, le Juif cavale en tête et laisse l'armée de Pharaon derrière lui. Le Juif a toujours une longueur métaphysique d'avance que le nazi et Amalek ne rattrapent pas. C'est la distance de l'être.

Le Juif et le franc-maçon

Pourquoi les Juifs, et pourquoi les francs-maçons également ? On pourrait imaginer que la haine nazie serait davantage dévolue aux maçons qui, eux, ont librement choisi une voie initiatique interdite sous le IIIe Reich, alors que les Juifs ne sont jetés dans l'opprobre que par la naissance. De façon contre-intuitive, il n'en est rien : le Juif est autant coupable par le seul engendrement de ses ancêtres. Pour le Juif, l'expression « notre Père » ne revêt pas de connotation pieuse empreinte de ferveur religieuse : elle est une affirmation quasi biologique. La relation avec Dieu n'est pas une abstraction. Elle constitue le fondement même de l'unité juive. Au-delà d'un système fondé sur la loi et la confiance, cette relation est un lien familial. Lorsque nous évoquons Dieu en tant que notre père, il ne s'agit pas d'une interprétation allégorique, mais d'un sentiment profond et tautégorique d'appartenance à nos racines familiales. Que l'on éprouve de l'amour ou du rejet envers notre père, que l'on croie ou que l'on ne croie pas, nous demeurons toujours les enfants de notre père. Les nazis ont voulu tuer Dieu.

Ceux qui vouent une haine envers le Juif et le franc-maçon manifestent en vérité leur hostilité envers ceux qui refusent de figer le cours de l'existence, le devenir, envers ceux qui se reconnaissent dans le principe « je suis et je suis aussi un autre à être. » Face à la question de l'identité, qu'elle soit individuelle ou collective, le Juif et le maçon revendiquent le droit de différer autant que possible une réponse définitive. Ceux qui nourrissent cette haine insistent sur le concept de pureté : tout ce qui évolue, tout ce qui change, est inévitablement perçu comme impur, car il est transition d'un état à un autre, dégénérescence de l'état initial. La condamnation du Juif et du maçon s'exprime souvent ainsi : ces individus en quête incessante de connaissance, de compréhension et de perfectionnement bouleversent l'ordre éternel des choses. Le voyage initiatique, maçonnique, comme le voyage des Hébreux de l'esclavage égyptien vers la terre de Canaan, sont par essence équivoques : partir, c'est à la fois rechercher et fuir. Le Juif et le maçon se dressent comme des témoignages vivants contre l'emprise tyrannique du dogme, du plein et de l'achèvement absolu. Pour eux, la Création est perçue comme une entreprise dynamique, *laassot*, « pour faire », avec des espaces délibérément laissés imparfaits, un trou métaphysique au cœur même du monde. Il incombe à l'homme de perfectionner et de parachever cette œuvre de création. Le Juif et le maçon sont des errants, des exilés de l'intérieur, constamment invités à s'identifier à des rôles multiples, à se fondre dans différentes cultures, à explorer les multiples dimensions de l'être. Ils proclament : « La vie ne se limite pas à ce que nous connaissons, elle peut être autrement. » Ils remettent en question les normes établies, ouvrent des voies alternatives, appellent à une compréhension plus profonde des autres, de sorte que rien de ce qui est ne leur soit indifférent.

Une Loge maçonnique ne peut être ouverte qu'à la condition que sept membres a minima soient présents. La prière à la synagogue ne peut être réalisée qu'à la condition que dix coreligionnaires a minima soient présents. Le principe du quorum, du *miniane*, réside dans la conviction qu'un homme doit être confronté à des contradictions, à des contradicteurs, pour la liturgie, pour la lecture de la Torah, pour la mise en œuvre du rituel maçonnique. Si cet homme était isolé, il risquerait de s'enfermer dans une lecture étroite, partielle, partiale des textes et des symboles. Le symbole rapproche, rassemble. Le diabole divise. L'autre est une promesse, la promesse d'une parole alternative. Il offre la possibilité d'exprimer du différent, de l'étranger, de l'ailleurs. L'autre n'est pas seulement original, il est unique. La richesse et la diversité des interprétations ne sont pas menaçantes pour la maçonnerie et le judaïsme. Plutôt une valeur essentielle qui nourrit l'épanouissement spirituel. L'hexagramme maçonnique formé de l'équerre (triangle pointe en bas) et du compas (triangle pointe en haut) côtoie l'étoile de David : un même destin et une même détestation nazie[1]. Notre société profane met en valeur l'accélération, associant ainsi la rapidité, l'agitation, le bruit à la vie. Cette culture productiviste a vidé le temps de sa dimension spirituelle, introduisant subtilement un esprit de propriété même à l'intérieur de la durée. Un *midrash* nous enseigne que la précipitation est à l'origine de tous les vices. Pour échapper à cette course effrénée contre la montre et à cette obsession de s'approprier l'espace, la franc-maçonnerie et le judaïsme ont institué un retrait, un

---

1 Cf Daniel Beresniak, *Juifs et Francs-Maçons : les bâtisseurs de temples*, éditions du Rocher, 1998

espace-temps sacré, *shabbat*, qui est laisser-faire, abandon de l'action, favorisant ainsi une rencontre libre, ouverte sur l'être, avec soi-même. Encore une histoire de vide insupportable pour tous les défis totalisants.

Plus les nazis cherchaient la sécurité, réponse à leur angoisse, plus l'insécurité les habitait, alors que la véritable sécurité n'existe que dans un état d'abandon. Les limites, les lois, les défenses, que l'on érige pour se protéger sont les mêmes qui, à un moment, viennent nous emprisonner.

Chambre à laver

Quand je regarde ma machine à laver le linge, je vois la chambre à gaz. Il y a une continuité entre la chambre à gaz de 1942 et ma machine à laver de 2023. Le monde du camp n'est pas enterré avec le camp. Il lui a survécu. Un même modèle technique. Un même souci de la propreté. Le désir d'apporter des réponses à des problèmes. Par exemple, aujourd'hui dimanche 2 avril 2023, je me suis rendu dans un magasin de bricolage (une franchise bien connue). Voici un slogan inscrit en grandes lettres sur plusieurs murs : « ici, nous transformons vos questions en solutions ». Peu notent que le désir de propreté est compris dans le champ plus vaste du rangement. Rendre propre, c'est mettre chaque chose à sa place : la tache de café sur le linge doit redevenir eau et café, se dissoudre dans l'eau, retourner à sa nature originaire, à savoir le solvant comme eau et le café comme molécules de café qui reviendront in fine en terre. Passer le balai, c'est considérer les miettes et les poussières pour ce qu'elles sont, leur destiner une position de retour initial, en terre. Rendre propre, c'est vouloir le retour à un état initial, aussi bien le retour de la surface salie à son état propre que le retour de l'agent salissant à sa place propre. Vouloir le propre, c'est assigner chaque chose à une résidence fixe. C'est dire « toi tu vas là, toi tu viens ici, etc ». Vouloir le propre, c'est considérer que chaque chose a une place appropriée. Consacrée. Réservée. Que des frontières invisibles existent et qu'elles ont été franchies par un mouvement de liberté. Rendre propre, c'est forcer le retour. Là encore, le nazisme mime un acte fort du judaïsme, la *techouva*, laquelle ne peut être que personnelle et non-contrainte : seul moi avec moi-même sais ce qui est bien pour moi, avec l'aide de Dieu.

Regarder ma machine à laver et y voir un lien familier avec la chambre à gaz est un constat d'une évidence désarmante, une fois qu'on a compris que nous partageons encore le monde avec les nazis. Nettoyer la surface de la terre salie par les Juifs en les étouffant et en les brûlant, c'est leur rendre la place qu'ils sont censés occuper. La place des morts. La place de ce qui ne se montre pas. La place de ce qui n'apparaît pas. La fonction d'être n'a pas de visage, pas de nom, pas de lieu, pas de place. L'être est le Lieu des lieux, le potentiel de tous les lieux. Nul lieu n'épuise le Lieu comme potentiel de localiser. Nul nom n'épuise le Nom comme potentiel de nommer. Où place-t-on ceux qui n'ont pas de place et de nom ? C'est une vaste question pour les nazis et, quelques années plus tard, pour les communistes staliniens. Doit-on inventer une place pour eux ? Madagascar ? La Sibérie ? Ils seraient loin de l'Europe mais ils apparaîtraient encore. « Non ben finalement, je crois qu'on est obligés de les faire disparaître. C'est plus durable comme solution. » Pourquoi s'en sont-ils sentis obligés ? Peut-être parce que si les Juifs avaient encore apparu, ils auraient pu continuer de revendiquer l'être. Même si le Juif leur avait dit « laissez-moi tranquille, je ne crois pas en Dieu, je me lève tous les jours pour travailler, je me fous de la religion, je suis un bon citoyen, je vote comme vous, moi non plus je n'aime pas les gens différents », ils n'auraient pas été convaincus, parce qu'il aurait encore représenté un risque, le risque du réveil de l'être.

Avec du recul, en sortant de la sphère métaphysique, c'est assez hallucinant de se dire que les nazis ont pu avoir peur des Juifs, se sentir menacés par eux. Personne n'était armé, aucun rabbin n'appelait à la disparition de l'Allemagne et de l'Autriche, aucune communauté juive ne réclamait l'annexion d'un bout du territoire pour y vivre séparée, il n'y avait pas d'attentats contre des civils allemands revendiqués par des fanatiques israélites. Pourquoi s'en sont-ils sentis obligés ? Je soutiens qu'ils s'en sont sentis obligés non pas pour faire disparaître l'être, mais au contraire avec l'espoir inavoué, le rêve de le faire (ré)apparaître et de le capter pour la race seulement. Comme une utopie juive qui, peu à peu, s'est manifestée à la conscience nazie comme tentante, faisable, réalisable. « Tout ce qui est réel est réalisé et tout ce qui est réalisable sera réalisé.[1] » « Pourquoi ne pas tenter l'expérience juive avec nos moyens ? »

Or cela n'a pas totalement fonctionné (rien ne peut totalement fonctionner), du moins comme ils voulaient. Ils n'ont rien vu et, ce faisant, ont ouvert le regard à l'irregardable. Avec la Shoah, les nazis ont ouvert la brèche vers la métaphysique, une sortie du regard en dehors de la zone du regardable. Avec la Shoah, ils ont pointé vers le mystère. Au lieu de répondre à la question, ils l'ont renforcée. Ils ont confirmé qu'existait le secret, la frontière entre un dedans et un dehors. Un

---

1 Selon Hegel, in Christian Godin, *La totalité, volume 3*, Champ Vallon, 2000, p 771

ailleurs non intégrable, non représentable, une fuite, quelque chose qui s'échappe. Le nazisme a paradoxalement davantage montré le *reste* que les Juifs eux-mêmes. Le Juif continue à se donner à Birkenau sous la modalité du Juif et non du nazi. Pourquoi les dignitaires nazis à l'origine de la solution finale ont-ils, pour beaucoup, déguerpi hors d'Allemagne à la défaite ? Bien sûr parce qu'ils savaient qu'ils allaient être tués s'ils restaient, mais aussi parce que la découverte qu'ils avaient faite à Birkenau était trop dure à supporter, trop lourde à assumer : l'*être juif* continue de se donner sous la modalité du Juif et non sous la modalité du nazi. Pourquoi Hitler s'est-il tant senti menacé par les Juifs ? Hitler sentait que les Juifs savaient dire quelque chose sans passer par la chose, et cela était insupportable. Et il avait raison : oui les Juifs ont un secret, qui est le secret d'une relation avec l'être qui n'épuise jamais le réel, le fait d'accepter de vivre dans une absence de complétude. Un secret insupportable : les Juifs ne sont pas concernés par quelque chose qui préoccupe les nazis. Les Juifs ne sont pas venus pour avoir raison. Ils ne cherchent pas à convaincre. C'est ça la question. Les nazis sont préoccupés de quelque chose par quoi les Juifs ne semblent pas concernés. Les nazis recherchent le fondement de l'être dans un quelque chose à quoi les Juifs leur semblent indifférents. Les Juifs recherchent le fondement de l'être ailleurs. Les nazis ne comprennent pas cet ailleurs. Ils ne le comprennent pas. Ils le jalousent. Ils le craignent. Ils l'admirent. Accuser les Juifs de manger les enfants, de manger des chrétiens, c'est une forme d'identification projective, l'accusation d'un acte que l'on projette soi-même. C'est le nazi qui a voulu manger le Juif pour voir quel goût il a, pour absorber sa force vitale, son irrésistible pouvoir. En un mot, manger le fruit, et vivre comme des dieux. Avoir l'être. *Hachem Ykom Damo.*

Les chiffres et les lettres

Comme les Juifs font avec ou contre l'être, en s'unissant à lui ou en se battant contre lui, jamais sans lui, les nazis ont fait avec ou contre les Juifs, jamais sans eux. Dans un processus de mimétisme perverti ou d'opposition, mais pas sans eux, pas dans l'indifférence.

Avec l'invention du 1 et du +, les hommes ont fait surgir le principe de l'addition. Ils ont ouvert la mathématique à une infinité de nombres, de groupes de nombres, en distinguant des suites cohérentes, une architecture abstraite, censée rendre compte non tant de l'intelligence humaine que de l'intelligibilité du monde. Le Un est l'invention hébraïque par excellence, en tant que sortie du polythéisme. Il est la possibilité offerte de saisir le lien qui parcourt toute chose, malgré les apparentes frontières perçues par nos sens. Il triomphe comme sensation d'interdépendance, de parenté des étants, en vainquant la grille analytique des civilisations païennes ou idolâtres, lesquelles décomposent, déconstruisent, dissèquent, jusqu'à réduire tout phénomène en succession de 1 et de 0. La poussière comme la cendre, en ce sens, sont une succession de 1 et de 0 : au microscope, on peut voir « là il y a une particule de cendre, là il n'y a rien, là il y a une particule de cendre, là il n'y a rien, etc ». L'idolâtrie ou l'autre nom de l'addition. L'humain est donc le possible du lien comme celui de l'indépendance. À l'humain a été confiée la possibilité d'entrevoir le tout par une sensation ineffable de lien, de familiarité, ou de prétendre le saisir par la capacité intellectuelle et dicible de séparation. Cela a dû beaucoup rassurer les nazis d'envisager la transformation de l'*être juif* en milliards de particules de cendres séparées les unes des autres. Le règne du quantitatif n'a, depuis, cessé de s'étendre et de coloniser bien des espaces, souvent au nom de la science ou du marché. Les tests dits psychométriques rassurent de plus en plus de personnes, de jeunes parents en quête de compréhension du comportement de leurs enfants, d'autres, adultes, qui trouvent ainsi, sous l'angle parfois de la causalité génétique, des explications à leurs émotions, à leurs facultés : « c'est ainsi que je suis, ces nombres associés à ma psyché, à mon quotient intellectuel par exemple, c'est moi. »

Le Un est de plus en plus oublié. C'est normal, il est discret. Il ne clignote pas. Il faut le 2 pour clignoter. Il est là, il a toujours été là, mais il n'apparaît pas comme un être-là. Il est là mais il est aussi là-bas. Il est maintenant mais il était dans le maintenant passé et sera dans le maintenant à venir. On ne le voit pas mais il est le bain de l'être. On le respire mais on ne le sent pas. On le mange mais il n'a pas de goût. Il est la possibilité de respirer et de manger. La possibilité d'être touché. La possibilité d'envisager son inexistence, même. La relation entre le Un et nous, et moi, est une relation indicible : je suis pris dans l'être et, pourtant, je peux user de ma liberté personnelle. Cette dernière me confère une grande responsabilité, pour moi, pour autrui, pour le monde. L'ultime responsabilité que ma liberté personnelle me confère est contre-intuitive : elle est liée à l'Un, à Dieu, au manque qui m'a été transmis et qui me permet d'être libre. Comme l'être est libre, je suis libre. Il m'est possible de ne pas reconnaître l'Un, de m'y opposer. Je suis dans l'Un mais j'ai la possibilité d'imaginer que je m'en abstrais. Il y a quelque chose en moi qui pense que c'est moi qui pense. Comme un héritier qui se perçoit en tant que génération spontanée. Avoir « confiance en soi » ou ne pas avoir « confiance en soi » : mais qu'est-ce que le soi ? Le soi est-il déconnecté de l'Un ? Je suis né de mon père, qui est libre. Or je suis, moi aussi, libre, venant d'un autre homme libre. Je suis libre dans la liberté. En ce sens je peux nier, par ma liberté, la liberté de laquelle je proviens. Je peux détester mon père mais je ne peux pas, pour autant, m'échapper de l'Unité. Je suis libre dans l'Un sans pouvoir en sortir alors que toutes les portes sont ouvertes. Le Un est l'entrée et la sortie, ou plutôt la fin des notions d'entrée et de sortie, la fin des frontières. C'est dans le bout du monde de Birkenau qu'a été confirmé qu'il n'y avait pas de bout du monde. Dieu n'était pas absent à Birkenau. Le Un est la fin des mots et l'avènement de la vie. Je ne peux pas faire sans lui. Pour ou contre, pas sans.

L'extermination des Juifs est un absolu, ou plutôt la recherche de cet absolu. La réplique du 1. Par le 0. La tentative de trouver un plein par l'évidement. Parce que le nazi s'est dit « tiens, et si je faisais comme les Juifs, et si c'était dans le rien que l'absolu pouvait pénétrer ? Pour que, dans le totalitarisme, la totalité apparaisse, il faut que je lui fasse une place, que je lui crée un berceau. » L'humble est bien le réceptacle de la lumière pour les Juifs. Mais l'absolu se donne alors sous forme de lumière. De confiance. D'amour. D'espoir. Pas de réponse définitive, totale, sans reste. Ce n'est pas le même Un. Le nazi est très déçu. Le Juif est le seul discriminé à être considéré comme « ayant plus » que soi (« il a le 1 et moi j'ai le 0 »), alors que ce qu'il a en plus est quelque chose qu'il a en moins. Les autres discriminés le sont comme « ayant moins » que soi, tout simplement (« j'ai le 1 et il a le 0 »). La Shoah bégaye le Un, en lui faisant une place occupée par les Juifs, en libérant une place. La place libérée forme bien un gigantesque cratère, certes, c'est réussi, mais aucune lave ne coule de ce cratère. Il est sec. Le vide ne s'est pas transformé en plein pour les nazis, alors que les Juifs continuent d'y constater un océan de lumière. Les nazis ont voulu une absence fondatrice, comme font les Juifs. Ils ont voulu vivre sans les Juifs comme les Juifs vivent sans quelque chose. Mais ils n'ont pas trouvé ce quelque chose de nazi qui leur manquait. Ils ont trouvé quelque chose d'encore juif. Les nazis ont voulu fermer un univers. Ce faisant, ils ont révélé qu'il y avait un univers. Ils ont fermé mais c'est encore ouvert.

Aussi bien le livre de l'Exode que celui des Nombres interdisent formellement de compter, de dénombrer les êtres humains, comme l'on compte des choses ou des animaux. Il est refusé de compter les hommes parce qu'ils dépassent toujours du nombre, parce que le nombre ne rend pas compte de la réalité de l'homme. Le recensement n'est possible dans le Livre que par le subterfuge du shekel, « Quand tu feras le compte des enfants d'Israël selon leur nombre, chacun d'eux paiera au Seigneur (n.d.a : par l'intermédiaire d'un demi-sicle) le rachat de sa personne lors du dénombrement, afin qu'il n'y ait point de mortalité parmi eux à cause de cette opération[1] ». Rachi considère que « le mauvais œil a prise sur les nombres ». C'est la monnaie et non les êtres humains qui sont comptés. L'humain n'est pas capable de saisir d'un seul mouvement le tout de l'humain. Ce qui fait la valeur du Juif et pour le Juif n'est pas le nombre, mais la qualité, la responsabilité individuelle, la liberté transformée en éthique. Quand le nazi assigne un numéro au Juif, il lui retire sa place et son nom. Par ce geste, le nazi fait contre le Juif, d'une manière perverse qui signifie « je sais ce que ça te fait de te retirer ton nom personnel et de t'assigner un numéro. Je sais que c'est interdit chez toi et je fais exprès de le faire. Je connais ton tabou et je te contrains désormais à l'ériger en totem. Je te méprise, je te hais, mais avec tes moyens, avec ta façon de faire. Je les retourne contre toi. Parce que peut-être que tu as raison. C'est peut-être la place et le nom personnel qui sont importants. Je vais les garder pour moi alors. »

---

[1] Exode 30 : 12

La non-banalité du mal

L'être n'appartient à personne, pas plus aux Juifs qu'aux autres. Tout le monde est : les petits, les prolétaires, les grands, les hommes, les femmes, les chrétiens, les nazis, mes voisins, les plongeurs sous-marins, les astronautes sur la lune... L'humain tourne autour du trou noir en son centre. Ce trou n'est pas terrifiant par nature. Il n'éveille pas le soupçon et ne devient pas une menace par lui-même. Sa découverte comme faille existentielle, apportée progressivement par l'expérience, prend différents atours en fonction de la maturité et de l'âge : la contrariété de la frustration et de la limite, la nostalgie d'une totalité heureuse et absolue dans le ventre maternel qui fait surgir, en contrepoint, la sensation que tout n'est finalement pas encore en tout, le vécu de la pérennité de cette part de vide à travers le temps de notre vie, la continuité d'une forme d'absence qui vient, paradoxalement, rassurer sur le sentiment de continuité de soi et de stabilité intérieure.

Le vide est neutre affectivement : il est. Il est comme ce qui n'est pas vide est. Il est la condition du non-vide. Sans vide, il ne peut y avoir de rempli. Ce reste non totalisable, non appropriable, non assujettissable, le vide, renvoie simplement à l'infini des possibles qu'offre la vie, le fonds inaccessible comme réserve du potentiel d'agir et d'être. C'est son interprétation, sa mise en scène, sa modalité de présentation, qui le rendent porteur d'une charge affective. Il peut être source d'angoisse comme source d'espoir. Ce que les uns – les nazis – vivent comme menaçant, les autres – les Juifs – le perçoivent comme une chance, une tranquillité pleine de possibilités, marque de l'Alliance, une élection.

L'élection juive est une catégorie théologique juive, qui concerne les Juifs, un mot inventé par eux. Personne n'est forcé d'y adhérer, ni les Gentils ni les Juifs eux-mêmes. Les nazis auraient pu ne pas se sentir concernés : les Juifs n'utilisent pas cette élection pour réclamer davantage de droits, pour bénéficier d'une place privilégiée au sein de la société. Aucun Juif ne cherchait à asseoir sa domination sur le Reich, à imposer cette prétendue élection comme motif de ségrégation, à violer les lois en son nom : « *Dina de-malkhouta dina* », l'adage talmudique « la loi du pays est la loi » exprime le respect et l'obligation d'observance du code juridique national. C'est parce que les nazis ont pris au mot – l'élection – les Juifs qu'ils les ont, eux, ségrégués. Les nazis se sont sentis concernés par l'élection juive. Pas autant menacés que jaloux de l'invention de la catégorie d'élection. D'une élection métaphysique, ils en ont fait une élection physique, une sélection politique et sociale. Ils l'ont reprise et dévoyée. L'élection juive, au contraire, est responsabilité : elle respecte les Nations et leur reconnaît à la fois une fonction et un génie propres, indispensables en tant que tels à la venue messianique, comme autant de pièces de puzzle sont nécessaires à l'unité de l'ensemble. Mais une unité qui ne fait pas disparaître les formes différentes des pièces du puzzle.

Pourquoi tous les peuples n'ont-ils pas été antisémites ? Peut-être parce qu'ils n'ont pas vécu l'élection juive comme une tension. Ils n'en ont pas fait toute une histoire, ils n'en ont pas fait leur histoire. Ils se sont dit : « Ah d'accord, ils pensent cela, ils se vivent ainsi. Bon, s'ils veulent, après tout, ce sont leurs mots, ça les regarde. Cela ne nous empêche pas de discuter avec eux, de vivre avec eux, de manger, de commercer avec eux. En plus, beaucoup se mélangent avec nous, se marient avec nos enfants. L'essentiel est la paix et qu'au-delà de nos différences, on sente du commun, par exemple grâce à la loi du pays, grâce à des préoccupations partagées. Ils font ce qu'ils veulent tant qu'ils ne cherchent pas à nous imposer quoi que ce soit. Nous aussi, on a notre histoire, on peut la partager avec eux et, d'ailleurs, on la partage. »

La réaction d'hostilité et de rivalité des nazis face aux Juifs n'était en rien inéluctable. Contrairement à ce qu'il revendiquait, le nazisme n'est pas naturel, pas plus que l'antisémitisme, que les pogroms, que l'exil à Babylone. Les Juifs peuvent se vivre comme exilés de l'intérieur, un exil intrinsèque, l'exil de la Présence qui a laissé une trace sous forme d'absence et de souvenir. Ce retrait et cette réserve ne trahissent pas une impuissance de Dieu, ils garantissent au contraire le fait que Dieu ne soit pas un feu dévorant[1]. C'est bien plutôt le plein qui est vide puisqu'il n'est rempli que de sa propre substance et, par sa suffisante présence, il est vide d'autre chose que de lui-même. La déportation physique des Juifs est, encore une fois, la mise en acte d'une catégorie théologique juive : il faut les retirer du monde, les exiler, en faire une

---

1 « Nul homme ne peut me voir directement et vivre. » Ex. 33 : 20

absence, comme ils le disent de leur Dieu. L'Histoire viendrait donc nous faire croire qu'il est impossible d'être indifférent aux histoires juives.

Cela est faux : seuls un acte fort de volonté humaine, un degré élevé de perversion, aboutissent à Auschwitz. Le nazisme n'est pas une réaction spontanée, « banale », presque innocente, à des Juifs vécus comme terrifiants. Il a fallu des biais particuliers, des choix idéologiques, une métaphysique qui se sente en concurrence avec une autre, un esprit de compétition et de rapt. Quand le Livre des Proverbes écrit **« La gloire de Dieu est de cacher sa Parole ; la gloire des rois est de la chercher**[1] **»**, il n'est pas écrit « la gloire des rois est de la trouver ». La « main droite » ou la « main gauche »[2] de Dieu est une alternative laissée à chaque peuple : personne n'est totalement en dehors du champ de la liberté, ni les nazis, ni les Juifs, ni les Nations.

Personne n'a l'être, ne le contrôle, ne le maîtrise absolument. D'autres peuples que les Juifs l'ont compris : une seule vérité, mais de multiples chemins pour y parvenir. Le péché d'idolâtrie par exemple, présent dans d'autres traditions spirituelles et mystiques, souligne l'attrait vers la jouissance instantanée du plein, la satisfaction immédiate, l'artefact pour échapper à l'incertitude. L'homme qui pêche rend sacré le profane, fait de l'absolu une chose arbitraire, qu'il choisit – le

---

1 Prov. 25 : 2
2 « Si Dieu tenait dans sa main droite toute la vérité, et dans sa main gauche la seule quête inlassable de la vérité, et me disait : "Choisis !", je me précipiterais humblement vers sa gauche et dirais : "Père, donne ! Car la vérité pure est pour toi seul." » Lessing, *Eine Duplik*, 1778

veau d'or – ou interdit – le fruit défendu. D'autres mouvements religieux ont été sensibles aux thèmes du silence et du vide indispensables à la Révélation ou au bonheur, à l'unité, comme Abraham doit traverser le désert pour se rendre dans un pays qu'il ignore[1].

Un peuple qui peut soutenir la latence du désir de connaître immédiatement un absolu n'est pas antisémite, il ne peut pas l'être. Il met en place des médiations, des filtres, qui lui permettent de préserver un accès limité à la vérité, au nom de laquelle, par conséquent, tout n'est pas compris, tout n'est pas possible : et si l'autre, dans sa différence avec moi, faisait aussi partie de la vérité, une vérité qui m'est, pour le moment, voilée ? Les nazis et tous les antisémites ont délibérément renoncé à cette hypothèse.

Le remède à l'antisémitisme, ou plutôt sa prévention, est une certaine ouverture à l'autre, la tolérance, la possibilité préservée et entretenue que personne ne détient le secret ultime de la vérité. C'est rejeter, dès lors, le modèle du fermé, du clos, du plein, c'est-à-dire le modèle de l'objet comme étant l'absolu. C'est affirmer que l'objet de notre quête existentielle – s'il y en a une – n'est pas une chose, pas un objet, mais une libération du monde des choses et – si l'on croit en Dieu – un sujet, Seigneur de l'Être, qui ne se laisse enfermer dans aucune définition, qui ne se laisse pas assigner à la résidence d'un étant. C'est affirmer qu'il y a en soi un sujet qui n'est pas soi, pas encore soi, comme autant de possibilités de vie, comme autant de passages de l'être.

---

1 Gen. 12 : 1

חי

Être debout devant la clairière toute verte de Birkenau, qui en réalité est une fosse de cendres, une fosse immense, près de la chambre à gaz effondrée, est une expérience bouleversante. Vertigineuse. Voir mes noms de famille inscrits à Auschwitz, sur le Livre des Noms installé récemment par l'institution israélienne Yad Vashem (car, il faut le dire, la Pologne n'a pas créé de « mur des Noms » à Auschwitz), est-ce une expérience réelle ? Qui sont ces gens ? Je ne les connais pas. Je ne les vois pas. Où sont-ils ? Peut-être qu'ils sont en moi ? Comment comprendre ? Ils ne menaçaient personne.

Dans une guerre « classique », en général, un nationalisme veut s'emparer du territoire d'une autre nation. Une nation en affronte une autre pour dessiner éventuellement, à terme, de nouvelles frontières. Accumuler les raisons, fournir un nombre important d'explications, dévoiler de multiples séries de causes-conséquences, mais demeurer avec cette sidération : on est allé chercher des tout-petits partout où l'on pouvait pour les conduire dans ce lieu invraisemblable, ce bout du monde, ce *nulle part*, Birkenau, pour les assassiner. Il y a d'autres raisons que les raisons. Il y a une métaphysique de l'explication. Un impossible à dire. Un épuisement de l'écriture.

Là-bas, seul reste un regard. Seul reste un visage.

Vivant.

Remerciements à

Julia Arman
Alexandre Bande
Jean-Pierre Bonjour
Sarah Cattan
Johann Chapoutot
Rav Ron Chaya
Catherine Danelski Neiger
Franck Fischbach
Gérard Haddad
Ruben Honigmann
Rav Delphine Horvilleur
Christian Ingrao
Rav Haïm Korsia
Yonathan Levy
Jean-Claude Milner
Rav Marc Neiger
François Rastier
Daniel Sibony
Rav Adin Steinsaltz
Shmuel Trigano
Annette Wieviorka

Mémorial de la Shoah
Marini Bambi
Alban Perrin
Christophe Tarricone
Pascal Zachary

Académie de Toulouse
Fabrice Pappola
Pierre Roques
Mes collègues qui m'ont accompagné à Auschwitz-Birkenau

Table

Préface, par Shmuel Trigano	9
Un vide plein	13
Le vampire	19
Tu ne tueras point.	23
Passage	27
Muzeum	31
Différence ontologique	35
Manque-à-être	39
Pouvoir	43
Commencement	47
La question et la solution	49
Indicible	53
Être et avoir	57
La peur et la confiance	61
Éternelle liberté	67
Être et temps	69
La distance de l'être	75
Le Juif et le Franc-Maçon	79
Chambre à laver	83
Les chiffres et les lettres	89
La non-banalité du mal	95
חי	101

Structures éditoriales du groupe L'Harmattan

L'Harmattan Italie
Via degli Artisti, 15
10124 Torino
harmattan.italia@gmail.com

L'Harmattan Hongrie
Kossuth l. u. 14-16.
1053 Budapest
harmattan@harmattan.hu

L'Harmattan Sénégal
10 VDN en face Mermoz
BP 45034 Dakar-Fann
senharmattan@gmail.com

L'Harmattan Cameroun
TSINGA/FECAFOOT
BP 11486 Yaoundé
inkoukam@gmail.com

L'Harmattan Burkina Faso
Achille Somé – tengnule@hotmail.fr

L'Harmattan Guinée
Almamya, rue KA 028 OKB Agency
BP 3470 Conakry
harmattanguinee@yahoo.fr

L'Harmattan RDC
185, avenue Nyangwe
Commune de Lingwala – Kinshasa
matangilamusadila@yahoo.fr

L'Harmattan Congo
219, avenue Nelson Mandela
BP 2874 Brazzaville
harmattan.congo@yahoo.fr

L'Harmattan Mali
ACI 2000 - Immeuble Mgr Jean Marie Cisse
Bureau 10
BP 145 Bamako-Mali
mali@harmattan.fr

L'Harmattan Togo
Djidjole – Lomé
Maison Amela
face EPP BATOME
ddamela@aol.com

L'Harmattan Côte d'Ivoire
Résidence Karl – Cité des Arts
Abidjan-Cocody
03 BP 1588 Abidjan
espace_harmattan.ci@hotmail.fr

Nos librairies en France

Librairie internationale
16, rue des Écoles
75005 Paris
librairie.internationale@harmattan.fr
01 40 46 79 11
www.librairieharmattan.com

Librairie des savoirs
21, rue des Écoles
75005 Paris
librairie.sh@harmattan.fr
01 46 34 13 71
www.librairieharmattansh.com

Librairie Le Lucernaire
53, rue Notre-Dame-des-Champs
75006 Paris
librairie@lucernaire.fr
01 42 22 67 13